George Orwell

The English People

Die Engländer

Deutscher Taschenbuch Verlag

Übersetzung: Walter Falke

Deutscher Taschenbuch Verlag GmbH & Co. KG München
32.—34. Tausend Dezember 1978
© 1958 Langewiesche-Brandt, Ebenhausen bei München
Umschlaggestaltung: Celestino Piatti
Gesamtherstellung: Kösel, Kempten
Printed in Germany. ISBN 3-423-09017-0

England at first glance   6
England auf den ersten Blick   7

The moral outlook of the English people   28
Der moralische Horizont des englischen Volkes   29

The political outlook of the English people   46
Der politische Horizont des englischen Volkes   47

The English class system   64
Das englische Klassensystem   65

The English language   84
Die englische Sprache   85

The future of the English people   106
Die Zukunft des englischen Volkes   107

England at first glance

It is unusual for foreign visitors to this country to notice the existence of the English people. Even the accent referred to by Americans as "the English accent" is not in fact common to more than a quarter of the population. In cartoons in Continental papers England is personified by an aristocrat with a monocle, a sinister capitalist in a top hat, or a spinster in a Burberry. Hostile or friendly, nearly all the generalisations that are made about England base themselves on the property-owning class and ignore the other forty-five million.

But the chances of war brought to England, either as soldiers or as refugees, hundreds of thousands of foreigners who would not normally have come here, and forced them into intimate contact with ordinary people. Czechs, Poles, Germans and Frenchmen to whom "England" meant Piccadilly and the Derby found themselves quartered in sleepy East Anglian villages, in northern mining towns, or in the vast working-class areas of London whose names the world had never heard until they were blitzed. Those of them who had the gift of observation will have seen for themselves that the real England is not the England of the guide-books. Blackpool is more typical than Ascot, the top hat is a moth-eaten rarity, the language of the B.B.C. is

England auf den ersten Blick

Ausländische Besucher unseres Landes bemerken gewöhnlich die Existenz des englischen Volkes gar nicht. Schon der Akzent, von dem die Amerikaner behaupten, daß er „der englische Akzent" sei, ist tatsächlich nicht mehr als einem Viertel der Bevölkerung eigen. In den Karikaturen der Zeitungen des Kontinents wird England von einem Aristokraten mit Monokel dargestellt, einem bösen Kapitalisten mit Zylinder oder einer alten Jungfer im Lodenmantel. Nahezu alle Verallgemeinerungen, die man von England macht, feindselige oder freundliche, gehen von der besitzenden Klasse aus und übersehen die übrigen fünfundvierzig Millionen. Nun haben aber die Zufälle des Krieges Hunderttausende von Ausländern, die normalerweise nicht hierhergekommen wären, als Soldaten und Flüchtlinge nach England gebracht und sie zu einem engen Kontakt mit dem einfachen Volk genötigt. Tschechen, Polen, Deutsche und Franzosen, die unter „England" Piccadilly und das Derby verstanden, fanden sich in verschlafenen ostenglischen Dörfern untergebracht, in den Bergarbeiterstädten des Nordens oder den weitläufigen Arbeitervierteln von London, deren Namen die Welt niemals gehört hatte, bis sie von Bomben zerstört wurden. Diejenigen unter ihnen, die genug Beobachtungsgabe hatten, werden von selbst bemerkt haben, daß das wirkliche England nicht das England der Reiseführer ist. Blackpool ist typischer als Ascot, der Zylinderhut ist eine mottenzerfressene Rarität, die Sprache der BBC ist für die

barely intelligible to the masses. Even the prevailing physical type does not agree with the caricatures, for the tall, lanky physique which is traditionally English is almost confined to the upper classes: the working classes, as a rule, are rather small, with short limbs and brisk movements, and with a tendency among the women to grow dumpy in early middle life.

It is worth trying for a moment to put oneself in the position of a foreign observer, new to England, but unprejudiced, and able because of his work to keep in touch with ordinary, useful, unspectacular people. With his fresh eyes he would see a great deal that a native observer misses, and his probable impressions are worth tabulating.

Almost certainly he would find the salient characteristics of the English common people to be artistic insensibility, gentleness, respect for legality, suspicion of foreigners, sentimentality about animals, hypocrisy, exaggerated class distinctions, and an obsession with sport.

As for our artistic insensibility, ever-growing stretches of beautiful countryside are ruined by planless building, the heavy industries are allowed to convert whole counties into blackened deserts, ancient monuments are wantonly pulled down or swamped by seas of yellow brick, attractive vistas are blocked by hideous statues to nonentities — and all this without any *popular* protest whatever. When

Masse nahezu **un**verständlich. Sogar der vorherrschende physische Typus stimmt nicht mit den Karikaturen überein; denn der große, schmächtige Körperbau, der von jeher als englisch gilt, findet sich fast nur in den oberen Klassen: die Menschen der arbeitenden Klassen sind in der Regel ziemlich klein und haben kurze Glieder und forsche Bewegungen; bei den Frauen besteht die Neigung, um die frühe Mitte des Lebens mollig zu werden.

Man sollte einmal versuchen, sich für einen Augenblick in die Lage eines fremden Besuchers zu versetzen, der England noch nicht kennt, der aber keine Vorurteile hat und auf Grund seiner Beschäftigung in der Lage ist, mit dem einfachen, tüchtigen, unauffälligen Volk ständig in Fühlung zu bleiben. Mit seinen frischen Augen würde er sehr vieles sehen, was dem einheimischen Beobachter entgeht, und seine vermutlichen Eindrücke sind es wert, der Reihe nach aufgezählt zu werden. Sicherlich würde er als die auffallendsten Eigenschaften des einfachen englischen Volkes empfinden: Gleichgültigkeit gegenüber der Kunst, Höflichkeit, Achtung vor dem Gesetz, Mißtrauen gegenüber Ausländern, Sentimentalität gegenüber Tieren, Heuchelei, übertriebene Klassenunterschiede und Sportsbesessenheit.

Was unsere künstlerische Gleichgültigkeit anbetrifft: immer größere Strecken unserer schönen Landschaft werden durch planloses Bebauen verschandelt; die Schwerindustrie darf ganze Grafschaften in rußgeschwärzte Wüsten verwandeln; alte Baudenkmäler werden gedankenlos niedergerissen oder von einer Flut gelber Ziegelsteine überschwemmt, reizvolle Ausblicke durch häßliche, für belanglose Leute errichtete Standbilder versperrt — und all dies geschieht ohne irgendeinen Protest der *Bevölkerung*. Wenn Englands Woh-

England's housing problem is discussed, its aesthetic aspect simply does not enter the mind of the average man. Nor is there any widespread interest in any of the arts, except perhaps music. Poetry, the art in which above all others England has excelled, has for more than a century had no appeal whatever for the common people. It is only acceptable when — as in some popular songs and mnemonic rhymes — it is masquerading as something else. Indeed the very word "poetry" arouses either derision or embarrassment in ninety-eight people out of a hundred.

Our imaginary foreign observer would certainly be struck by our gentleness: by the orderly behaviour of English crowds, the lack of pushing and quarrelling, the willingness to form queues, the good temper of harassed, overworked people like bus conductors.

The manners of the English working class are not always very graceful, but they are extremely considerate. Great care is taken in showing a stranger the way, blind people can travel across London with the certainty that they will be helped on and off every bus and across every street. In wartime a few of the policemen carried revolvers, but England has nothing corresponding to the *gendarmerie,* the semi-military police living in barracks and armed with rifles (sometimes even with tanks and aeroplanes) who are the guardians of society all the way from Calais to Tokyo. And except for

nungsproblem diskutiert wird, tritt seine ästhetische Seite dem Durchschnittsmenschen einfach nicht ins Bewußtsein. Auch gibt es kein weitverbreitetes Interesse an irgendeiner Kunst, mit Ausnahme der Musik vielleicht. Die Poesie, die Kunst, in der sich England vor allen anderen ausgezeichnet hat, besitzt für das einfache Volk seit mehr als einem Jahrhundert nicht den geringsten Reiz. Sie wird nur dann hingenommen, wenn sie sich — wie in einigen volkstümlichen Liedern und mnemo-technischen Reimen — als etwas anderes gibt, als sie wirklich ist. Tatsächlich erweckt schon das Wort „Poesie" bei achtundneunzig von hundert Menschen entweder Hohn oder Velegenheit.

Unser imaginärer ausländischer Beobachter würde wahrscheinlich von unserer Höflichkeit beeindruckt sein: von dem gesitteten Benehmen der englischen Volksmassen, von der Tatsache, daß man ohne Stoßen und Streiten auskommt, von der Bereitschaft, Schlange zu stehen, und von der guten Laune höchst geplagter, überarbeiteter Leute wie z. B. Autobusschaffnern. Das Benehmen der englischen Arbeiter ist nicht immer sehr elegant, aber es ist außerordentlich rücksichtsvoll. Man gibt sich große Mühe, einem Fremden den Weg zu weisen, und Blinde können sich durch London bewegen mit der Gewißheit, daß man ihnen beim Ein- und Aussteigen in jedem Bus und beim Überqueren jeder Straße hilft. In Kriegszeiten trugen ein paar von den Polizisten Pistolen, aber England besitzt nichts, was einer *Gendarmerie* entspräche, jener halb militärischen Polizei, die in Kasernen lebt und mit Gewehren (manchmal sogar mit Panzern und Flugzeugen) ausgerüstet ist und überall von Calais bis Tokio den Schutz der Gesellschaft darstellt. Und wenn man von ganz bestimmten Bezirken in einem halben Dutzend

certain well-defined areas in half a dozen big towns there is very little crime or violence. The average of honesty is lower in the big towns than in the country, but even in London the newsvendor can safely leave his pile of pennies on the pavement while he goes for a drink.

The prevailing gentleness of manners is a recent thing, however. Well within living memory it was impossible for a smartly dressed person to walk down Ratcliff Highway without being assaulted, and an eminent jurist, asked to name a typically English crime, could answer: "Kicking your wife to death."

There is no revolutionary tradition in England, and even in extremist political parties, it is only the middle-class membership that thinks in revolutionary terms. The masses still more or less assume that "against the law" is a synonym for "wrong". It is known that the criminal law is harsh and full of anomalies and that litigation is so expensive as always to favour the rich against the poor: but there is a general feeling that the law, such as it is, will be scrupulously administered, that a judge or magistrate cannot be bribed, that no one will be punished without trial.

An Englishman does not believe in his bones, as a Spanish or Italian peasant does, that the law is simply a racket. It is precisely this general confidence in the law that has allowed a good deal of recent tampering with Habeas Corpus

unserer Großstädte absieht, gibt es nur sehr wenige Verbrechen und Gewalttaten. Ehrlichkeit ist in den Großstädten im Durchschnitt seltener als auf dem Lande, aber selbst in London kann der Zeitungsverkäufer seelenruhig seine aufgestapelten Pennies auf dem Bürgersteig liegen lassen, wenn er einen trinken geht. Diese auffällige Höflichkeit des Benehmens ist jedoch erst jüngeren Datums. Noch zu einer Zeit, deren sich alte Leute gut entsinnen können, war es für einen anständig gekleideten Menschen unmöglich, die Ratcliff Highway entlangzugehen, ohne angerempelt zu werden, und ein bedeutender Jurist, der gebeten wurde, ein typisch englisches Verbrechen zu nennen, konnte antworten: „Seine Frau mit Füßen treten, bis sie tot ist."

Es gibt keine revolutionäre Tradition in England, und selbst in extremen politischen Parteien sind es nur die Mitglieder aus der mittleren Klasse, die in revolutionären Begriffen denken. Die große Masse ist noch immer mehr oder weniger der Meinung, daß „gegen die Gesetze" gleichbedeutend mit „unrecht" ist. Es ist bekannt, daß das Strafrecht hart und voller Ungereimtheiten ist, und daß Prozessieren so teuer ist, daß die Reichen den Armen gegenüber immer im Vorteil sind: aber es besteht doch die allgemeine Überzeugung, daß die Gesetze, so wie sie sind, gewissenhaft gehandhabt werden, daß ein Richter oder ein Beamter nicht bestochen werden kann und daß niemand ohne vorheriges Gerichtsverfahren bestraft wird. Ein Engländer glaubt nicht in seinem innersten Herzen, wie es etwa ein spanischer oder italienischer Bauer tut, daß das Recht bloß Schaumschlägerei ist. Gerade dieses allgemeine Vertrauen in die Rechtsprechung hat es möglich gemacht, daß ein Teil der kürzlich durchgeführten Einschränkungen der Habeaskorpusakte der

to escape public notice. But it also causes some ugly situations to end peacefully. During the worst of the London blitz the authorities tried to prevent the public from using the Tube stations as shelters. The people did not reply by storming the gates, they simply bought themselves penny-halfpenny tickets: they thus had legal status as passengers, and there was no thought of turning them out again.

The traditional English xenophobia is stronger among the working class than the middle class. It was partly the resistance of the Trade Unions that prevented a really large influx of refugees from the fascist countries before the war, and when the German refugees were interned in 1940, it was not the working class that protested. The difference in habits, and especially in food and language, makes it very hard for English working people to get on with foreigners.

Their diet differs a great deal from that of any European nation, and they are extremely conservative about it. As a rule they will refuse even to sample a foreign dish, they regard such things as garlic and olive oil with disgust, life is unlivable to them unless they have tea and puddings. And the peculiarities of the English language make it almost impossible for anyone who has left school at fourteen to learn a foreign language after he has grown up. In the French Foreign Legion, for instance, the British and American legionaries seldom rise out of the ranks, because they cannot learn

öffentlichen Aufmerksamkeit entging. Aber es hat auch die friedliche Regelung mancher heikler Situationen möglich gemacht. Während der schlimmsten Bombenangriffe auf London versuchten die Behörden, das Publikum abzuhalten, die U-Bahn-Stationen als Luftschutzkeller zu benutzen. Die Menschen reagierten darauf nicht mit einem Sturm auf die Eingänge, sie kauften sich einfach Penny-Halfpenny-Fahrkarten: so hatten sie den legalen Status von Fahrgästen, und niemand dachte daran, sie wieder hinauszuweisen.

Die traditionelle englische Abneigung gegen Ausländer ist bei der arbeitenden Bevölkerung stärker als in der Mittelklasse. Es war zum Teil der Widerstand der Gewerkschaften, der vor dem Kriege einen wirklich großen Zustrom von Flüchtlingen aus den faschistischen Ländern verhinderte, und als die deutschen Emigranten 1940 interniert wurden, war es nicht etwa die Arbeiterklasse, die protestierte. Die Verschiedenheit der Lebensgewohnheiten, vor allem der Ernährung und Sprache, macht es den englischen Arbeitern sehr schwer, mit Ausländern auszukommen. Ihre Ernährungsweise ist von der jeder anderen europäischen Nation sehr verschieden, und sie sind außerordentlich konservativ darin. In der Regel weigern sie sich, ein fremdes Gericht auch nur einmal zu probieren. Dinge wie Knoblauch und Olivenöl betrachten sie mit Abscheu; das Leben ist für sie nicht mehr lebenswert, wenn sie nicht ihren Tee und ihre Puddings haben. Und die Besonderheiten der englischen Sprache machen es einem, der mit vierzehn Jahren die Schule verlassen hat, fast unmöglich, als Erwachsener noch eine fremde Sprache zu erlernen. In der französischen Fremdenlegion zum Beispiel bringen es britische und amerikanische Legionäre nur selten über den Mannschaftsstand hinaus,

French, whereas a German learns French in a few months. English working people, as a rule, think it effeminate even to pronounce a foreign word correctly. This is bound up with the fact that the upper classes learn foreign languages as a regular part of their education. Travelling abroad, speaking foreign tongues, enjoying foreign food, are vaguely felt to be upper-class habits, a species of snobbery, so that xenophobia is reinforced by class jealousy.

Perhaps the most horrible spectacles in England are the Dogs'Cemeteries in Kensington Gardens, at Stoke Poges (it actually adjoins the churchyard where Gray wrote his famous *Elegy*) and at various other places.

Although its worst follies are committed by the upper-class women, the animal cult runs right through the nation and is probably bound up with the decay of agriculture and the dwindled birthrate. Several years of stringent rationing failed to reduce the dog and cat population, and even in poor quarters of big towns the bird fanciers' shops display canary seed at prices ranging up to twenty-five shillings a pint.

Hypocrisy is so generally accepted as part of the English character that a foreign observer would be prepared to meet with it at every turn, but he would find especially ripe examples in the laws dealing with gambling, drinking, prostitution, and profanity. He would find it difficult to reconcile the anti-imperialistic sentiments which are commonly ex-

weil sie nicht imstande sind, Französisch zu lernen, während
ein Deutscher in wenigen Monaten Französisch lernt. In der
Regel halten es die englischen Arbeiter sogar für weibisch,
ein Fremdwort richtig auszusprechen. Das hängt mit der
Tatsache zusammen, daß das Erlernen fremder Sprachen bei
den höheren Klassen ein fester Bestandteil der Erziehung
ist. Ins Ausland reisen, fremde Sprachen sprechen, sich an
fremden Speisen erfreuen wird irgendwie als Gehabe der
oberen Klasse empfunden, als eine Art Versnobtheit, so daß
der Fremdenhaß noch durch den Klassenneid verstärkt wird.

Vielleicht das Abscheulichste, was man in England sehen
kann, sind die Hundefriedhöfe in Kensington Gardens, in
Stoke Poges (dort stößt er tatsächlich an den Friedhof, wo
Gray seine berühmte *Elegie* schrieb *) und in verschiedenen
anderen Orten. Wenn auch die schlimmsten Narrheiten auf
diesem Gebiet von den Frauen der höheren Stände begangen werden, geht doch der Tierkult durch die ganze Nation
und hängt wahrscheinlich mit dem Verfall der Landwirtschaft und der schwindenden Geburtenziffer zusammen.
Mehrere Jahre strenger Lebensmittelrationierung haben den
Hunde- und Katzenbestand nicht zu vermindern vermocht,
und selbst in den ärmeren Vierteln der Großstädte zeigen
die Läden der Vogelhändler Kanarienvogelfutter zu Preisen bis zu fünfundzwanzig Schilling für ein Pint (0,568 l).

Die Heuchelei wird so allgemein als ein Bestandteil des
englischen Charakters angesehen, daß ein ausländischer Besucher wohl darauf gefaßt sein wird, ihr bei jeder Gelegenheit zu begegnen; besonders drastische Beispiele aber wird
er in der Gesetzgebung finden, die sich mit Glücksspiel, Trinken, Prostitution und Gotteslästerung befaßt. Es wird ihm
schwerfallen, die in England allgemein verbreiteten anti-

---

* Thomas **Gray** (1716-1771): „Elegie, geschrieben auf einem Dorfkirchhof."

Anm. d. Übers.

pressed in England with the size of the British Empire. If he were a continental European he would notice with ironical amusement that the English think it wicked to have a big army but see nothing wrong in having a big navy. This too he would set down as hypocrisy — not altogether fairly, for it is the fact of being an island, and therefore not needing a big army, that has allowed British democratic institutions to grow up, and the mass of the people are fairly well aware of this.

Exaggerated class distinctions have been diminishing over a period of about thirty years, and the war probably speeded up the process, but newcomers to England are still astonished and sometimes horrified by the blatant differences between class and class.

The great majority of the people can still be "placed" in an instant by their manners, clothes, and general appearance. Even the physical type differs considerably, the upper classes being on an average several inches taller than the working class. But the most striking difference of all is in language and accent. The English working class, as Mr. Wyndham Lewis has put it, are "branded on the tongue". And though class distinctions do not exactly coincide with economic distinctions, the contrast between wealth and poverty is very much more glaring, and more taken for granted, than in most countries.

The English were inventors of several of the world's most popular games, and have spread them

imperialistischen Gefühle mit der Größe des englischen Empire in Einklang zu bringen. Ist er ein kontinentaler Europäer, so wird er mit ironischem Vergnügen bemerken, daß der Engländer es für sündhaft hält, eine große Armee zu haben, aber nichts Unrechtes darin sieht, eine große Flotte zu besitzen. Auch das wird er als Heuchelei ankreiden — nicht völlig zu Recht; denn die Tatsache, daß England eine Insel ist und daher keine große Armee braucht, hat es ihm erlaubt, demokratische Institutionen aufzubauen, und die Masse des Volkes ist sich dessen recht gut bewußt.

In einem Zeitraum von etwa dreißig Jahren haben die krassen Klassenunterschiede nachgelassen, und der Krieg hat diese Entwicklung wahrscheinlich beschleunigt, doch wer zum ersten Mal nach England kommt, ist immer wieder erstaunt und manchmal erschrocken über den augenfälligen Abstand von Klasse zu Klasse. Die große Mehrzahl der Bevölkerung kann immer noch auf den ersten Blick durch ihr Benehmen, ihre Kleidung und ihre allgemeine Erscheinung „eingestuft" werden. Sogar der physische Typus zeigt beträchtliche Unterschiede; die Menschen der höheren Stände sind im Durchschnitt mehrere Zentimeter größer als die werktätige Bevölkerung. Aber der auffälligste Unterschied besteht in Sprache und Aussprache. Der englische Arbeiter ist, wie es Wyndham Lewis ausgedrückt hat, „auf der Zunge gebrandmarkt". Und obgleich Klassenunterschiede und wirtschaftliche Abstufungen nicht genau zusammenfallen, springt der Kontrast zwischen Wohlstand und Armut sehr viel stärker in die Augen und wird eher als etwas Selbstverständliches hingenommen als in den meisten anderen Ländern.

Die Engländer sind die Erfinder von mehreren der volkstümlichsten Spiele der Welt und haben sie weiter verbreitet

more widely than any other product of their culture. The word "football" is mispronounced by scores of millions who have never heard of Skakespeare or Magna Charta. The English themselves are not outstandingly good at all games, but they enjoy playing them, and to an extent that strikes foreigners as childish they enjoy reading about them and betting on them. During the between-war years the football pools did more than any other one thing to make life bearable for the unemployed. Professional footballers, boxers, jockeys, and even cricketers enjoy a popularity that no scientist or artist could hope to rival. Nevertheless sport-worship is not carried to quite such imbecile lengths as one would imagine from reading the popular press. When the brilliant lightweight boxer, Kid Lewis, stood for Parliament in his native borough, he only scored a hundred and twenty-five votes.

These traits that we have enumerated are probably the ones that would strike an intelligent foreign observer first. Out of them he might feel that he could construct a reliable picture of the English character. But then probably a thought would strike him: is there such a thing as "the English character"? Can one talk about nations as though they were individuals? And supposing that one can, is there any genuine continuity between the England of to-day and the England of the past?

As he wandered through the London streets, he would notice the old prints in the bookshop windows, and it would occur to him that if these things

als irgendein anderes Produkt ihrer Kultur. Das Wort *football* wird von Millionen, die niemals etwas von Shakespeare oder von der Magna Charta gehört haben, falsch ausgesprochen. Die Engländer selber sind nicht in allen Spielen hervorragend gut, aber sie haben Freude daran, sie zu spielen, und in einem Ausmaß, das Ausländern kindisch vorkommt, lesen sie gern von ihnen und gehen Wetten über sie ein. Mehr als irgendetwas anderes hat der Fußballtoto den Arbeitslosen in den Jahren zwischen den Kriegen das Leben erträglich gemacht. Berufsmäßige Fußballspieler, Boxer, Jockeys und sogar Kricketspieler erfreuen sich einer Popularität, mit der kein Forscher oder Künstler zu rivalisieren hoffen kann. Allerdings erreicht die Anbetung des Sports nicht ganz so blödsinnige Ausmaße, wie man es nach der Lektüre der Massenblätter annehmen könnte. Als der glänzende Leichtgewichtler Kid Lewis in seinem Heimat-Wahlkreis für das Parlament kandidierte, bekam er nur 125 Stimmen.

Die hier von uns aufgezählten charakteristischen Züge sind wahrscheinlich diejenigen, welche einem intelligenten ausländischen Beobachter zu allererst auffallen werden. Aus ihnen, so wird er vielleicht glauben, könne er ein glaubwürdiges Bild vom englischen Charakter konstruieren. Aber dann wird ihm wahrscheinlich der Gedanke kommen: gibt es denn überhaupt so etwas wie „den englischen Charakter"? Kann man über Nationen sprechen, als ob sie Individuen wären? Und angenommen, man könnte es, gibt es irgendeine echte Kontinuität zwischen dem England von heute und dem England der Vergangenheit?

Wenn er durch die Straßen von London wanderte, würde er die alten Drucke in den Fenstern der Buchläden bemerken, und es würde ihm klar werden, daß England sich sehr

are representative, then England must have changed a great deal. It is not much more than a hundred years since the distinguishing mark of English life was its brutality. The common people, to judge by the prints, spent their time in an almost unending round of fighting, whoring, drunkenness, and bull-baiting. Moreover, even the physical type appears to have changed. Where are they gone, the hulking draymen and low-browed prize-fighters, the brawny sailors with their buttocks bursting out of their white trousers, and the great overblown beauties with their swelling bosoms, like the figure-heads of Nelson's ships? What had these people in common with the gentle-mannered, undemonstrative, law-abiding English of to-day? Do such things as "national cultures" really exist?

This is one of those questions, like the freedom of the will or the identity of the individual, in which all the arguments are on one side and instinctive knowledge is on the other. It is not easy to discover the connecting thread that runs through English life from the sixteenth century onwards, but all English people who bother about such subjects feel that it exists. They feel that they understand the institutions that have come to them out of the past —Parliament, for instance, or sabbatarianism, or the subtle grading of the class system — with an inherited knowledge impossible to a foreigner. Individuals, too, are felt to conform to a national pattern. D. H. Lawrence is felt to be "very English," but so is Blake; Dr. Johnson and G. K. Chesterton are some-

verändert haben muß, wenn diese Bilder der Wirklichkeit entsprechen. Es ist nicht viel mehr als hundert Jahre her, daß der hervorstechendste Zug des englischen Lebens seine Brutalität war. Nach diesen Drucken zu urteilen, verbrachte das einfache Volk seine Zeit in einem geradezu endlosen Kreislauf von Prügeln, Huren, Saufen und Stierhetzen. Überdies scheint sich sogar der physische Typus gewandelt zu haben. Wo sind die vierschrötigen Bierkutscher geblieben und die Preisboxer mit ihrer niedrigen Stirn, die muskulösen Matrosen mit ihren Hintern, die aus den weißen Hosen platzen, und die großen verblühten Schönheiten mit ihren schwellenden Busen, die an die Gallionsfiguren von Nelsons Schiffen erinnern? Was hat dieses Volk mit dem höflich-gesitteten, unauffälligen, gesetzesfrommen Engländer von heute gemein? Gibt es wirklich so etwas wie eine „nationale Kultur"?

Das ist eine Frage wie die nach der Freiheit des Willens oder der Identität des Individuums, bei der alle Beweisgründe auf der einen Seite sind und die instinktive Gewißheit auf der anderen. Es ist nicht leicht, den durchgehenden Faden zu entdecken, der vom sechzehnten Jahrhundert an das englische Leben verbindet, aber alle Engländer, die an solchen Fragen rätseln, fühlen, daß er existiert. Sie fühlen, daß sie die Einrichtungen, die ihnen aus der Vergangenheit überkommen sind — wie das Parlament, das Heilighalten des Sonntags oder die feinen Nuancen der Klassengliederung — mit einem angeborenen Verständnis begreifen, das ein Ausländer unmöglich haben kann. Auch Individuen werden als Ausprägungen nationaler Eigenart empfunden. D. H. Lawrence wird für „sehr englisch" gehalten, aber ebenso Blake; Dr. Johnson und G. K. Chesterton sind irgendwie ein und

how the same kind of person. The belief that we resemble our ancestors — that Shakespeare, say, is more like a modern Englishman than a modern Frenchman or German — may be unreasonable, but by existing it influences conduct. Myths which are believed in tend to become true, because they set up a type, or "persona", which the average person will do his best to resemble.

During the bad period of 1940 it became clear that in Britain national solidarity is stronger than class antagonism. If it were really true that „the proletarian has no country," 1940 was the time for him to show it. It was exactly then, however, that class feeling slipped into the background, only reappearing when the immediate danger had passed. Moreover, it is probable that the stolid behaviour of the British town populations under the bombing was partly due to the existence of the national "persona" — that is, to their preconceived idea of themselves.

Traditionally the Englishman is phlegmatic, unimaginative, not easily rattled: and since that is what he thinks he ought to be, that is what he tends to become. Dislike of hysteria and "fuss," admiration for stubbornness, are all but universal in England, being shared by everyone except the intelligentsia. Millions of English people willingly accept as their national emblem the bulldog, an animal noted for its obstinacy, ugliness, and impenetrable stupidity. They have a remarkable readiness to admit that foreigners are more "clever" than them-

dieselbe Art von Mensch. Die Überzeugung, daß wir unseren Ahnen gleichen — daß, sagen wir, Shakespeare einem Engländer von heute ähnlicher ist als ein Franzose oder Deutscher von heute — mag unvernünftig sein, aber dadurch, daß sie vorhanden ist, beeinflußt sie die Haltung der Menschen. Mythen, an die geglaubt wird, werden leicht wahr, weil sie einen Typus herausstellen oder eine „Rolle", der gerecht zu werden der Durchschnittsmensch sein Bestes tun wird.

Während der schlimmen Zeiten von 1940 wurde es offenbar, daß die nationale Solidarität in Großbritannien stärker ist als der Klassenhaß. Wenn es wahr wäre, daß „der Proletarier kein Vaterland hat", so wäre das Jahr 1940 für ihn der Augenblick gewesen, es zu zeigen. Aber gerade damals rutschten die Klassengefühle in den Hintergrund und erschienen erst wieder, als die unmittelbare Gefahr vorbei war. Außerdem ist es wahrscheinlich, daß die standhafte Haltung der britischen Stadtbevölkerung während der Bombenangriffe zum Teil der Existenz der nationalen „Rolle", das heißt ihrer vorgefaßten Meinung von sich selbst, zu danken ist. Der traditionellen Meinung nach ist der Engländer phlegmatisch, phantasielos und nicht so leicht zu erschüttern: und weil er denkt, daß er dies alles sein sollte, ist er auch schon dabei, es allmählich zu werden. Abscheu vor Hysterie und „Getue" und Bewunderung für Hartnäckigkeit sind in England geradezu allgemein verbreitet, sie sind abgesehen von der Intelligenzschicht jedermann eigen. Millionen von Engländern erkennen mit Vergnügen die Bulldogge als ihr nationales Wahrzeichen an, ein Tier, das für seine Widerborstigkeit, Häßlichkeit und unüberwindliche Dummheit bekannt ist. Sie haben eine bemerkenswerte Bereitschaft, einzuräumen, daß Ausländer „gescheiter" sind

selves, and yet they feel that it would be an outrage against the laws of God and Nature for England to be ruled by foreigners. Our imaginary observer would notice, perhaps, that Wordsworth's sonnets during the Napoleonic war might almost have been written during the last one. He would know already that England has produced poets and scientists rather than philosophers, theologians, or pure theorists of any description. And he might end by deciding that a profound, almost unconscious patriotism and an inability to think logically are the abiding features of the English character, traceable in English literature from Shakespeare onwards.

als sie, und doch sind sie fest davon überzeugt, daß es ein Vergehen gegen die Gesetze Gottes und der Natur wäre, wenn England von Fremden beherrscht würde. Unserem imaginären Beobachter würde es vielleicht auffallen, daß Wordsworths Sonette statt im Napoleonischen auch im letzten Krieg hätten geschrieben werden können. Er würde wahrscheinlich schon wissen, daß England mehr Dichter und Naturwissenschaftler hervorgebracht hat als Philosophen, Theologen oder reine Theoretiker auf irgendwelchen Gebieten. Und so würde er denn wohl zu dem Schluß kommen, daß ein tiefer, fast unbewußter Patriotismus und die Unfähigkeit, logisch zu denken, die unveränderlichen Züge des englischen Wesens sind; Züge, die in der gesamten englischen Literatur seit Shakespeare nachgewiesen werden können.

The moral outlook of the English people

For perhaps a hundred and fifty years, organised
religion, or conscious religious belief of any kind,
have had very little hold on the mass of the English
people. Only about ten per cent of them ever go
near a place of worship except to be married and
buried. A vague theism and an intermittent belief
in life after death are probably fairly widespread,
but the main Christian doctrines have been largely
forgotten.

Asked what he meant by "Christianity,"
the average man would define it wholly in ethical
terms ("unselfishness," or "loving your neighbour,"
would be the kind of definition he would give). This
was probably much the same in the early days of
the Industrial Revolution, when the old village life
had been suddenly broken up and the Established
Church had lost touch with its followers. But in
recent times the Nonconformist sects have also lost
much of their vigour, and within the last generation
the Bible-reading which used to be traditional in
England has lapsed. It is quite common now to
meet with young people who do not know the Bible
stories even as *stories*.

But there is one sense in which the English common people have remained more Christian than the
upper classes, and probably than any other Euro-

Der moralische Horizont des englischen Volkes

Seit ungefähr hundertundfünfzig Jahren haben Religionsgemeinschaften oder bewußter religiöser Glaube irgendwelcher Art nur noch sehr wenig Einfluß auf die Masse des englischen Volkes gehabt. Nur etwa zehn Prozent der Bevölkerung geht jemals zu einer Stätte der Andacht, es sei denn zu Heirat oder Begräbnis. Ein verschwommener Theismus und ein unsicherer Glaube an ein Leben nach dem Tode sind wahrscheinlich ziemlich verbreitet, aber die wesentlichen Lehren des Christentums sind weitgehend vergessen worden. Wenn man einen Mann von der Straße fragen würde, was er unter „Christentum" verstehe, so würde er es ausschließlich in ethischen Begriffen definieren („Selbstlosigkeit" oder „seinen Nächsten lieben": von der Art wäre die Definition, die er uns geben würde). In den frühen Tagen der industriellen Revolution, als sich das alte Dorfleben plötzlich auflöste und die Staatskirche die Fühlung mit ihren Anhängern verlor, wird es wahrscheinlich ebenso gewesen sein. Aber in jüngster Zeit haben auch die unabhängigen Sekten viel von ihrer Kraft verloren, und während der letzten Generation hat das Bibellesen, das in England einmal zur Tradition gehörte, stark nachgelassen. Es ist heute durchaus normal, auf junge Leute zu stoßen, die die biblischen Geschichten nicht einmal als *Geschichten* kennen.

Aber in einer Hinsicht ist das einfache englische Volk christlicher geblieben als die oberen Klassen und wahrscheinlich als irgendein anderes europäisches Volk: in der

pean nation. This is in their non-acceptance of the modern cult of power-worship. While almost ignoring the spoken doctrines of the Church, they have held on to the one that the Church never formulated, because taking it for granted: namely, that might is not right. It is here that the gulf between the intelligentsia and the common people is widest. From Carlyle onwards, but especially in the last generation, the British intelligentsia have tended to take their ideas from Europe and have been infected by habits of thought that derive ultimately from Machiavelli. All the cults that have been fashionable in the last dozen years, communism, fascism, and pacifism, are in the last analysis forms of power-worship. It is significant that in this country, unlike most others, the Marxist version of Socialism has found its warmest adherents in the middle class. Its methods, if not its theories, obviously conflict with what is called "*bourgeois* morality" (i. e., common decency), and in moral matters it is the proletarians who are "*bourgeois.*"

One of the basic folk-tales of the English-speaking peoples is Jack the Giant-killer — the little man against the big man. Mickey Mouse, Popeye the Sailor, and Charlie Chaplin are all essentially the same figure. (Chaplin's films, it is worth noticing, were banned in Germany as soon as Hitler came to power, and Chaplin has been viciously attacked by English fascist writers.) Not merely a hatred of bullying, but a tendency to support the weaker side merely because it is weaker, are almost general in

Weigerung, den modernen Kult der Machtanbetung mitzu-
machen. Während es die formulierten Lehren der Kirche kaum
noch kannte, hielt es an der einen fest, welche die Kirche
niemals formuliert hat, weil sie sie für selbstverständlich
hielt: daß Macht nicht vor Recht geht. Hier ist die Kluft
zwischen der Intelligenz und dem einfachen Volk am brei-
testen. Seit Carlyle, aber besonders in der letzten Generation, hat die britische Intelligenz dazu geneigt, sich ihre
Ideen aus Europa zu holen, und sie ist von Geisteshaltun-
gen angesteckt worden, die letzten Endes von Machiavelli
ausgehen. Alle Doktrinen, die in den letzten zwölf Jahren Mode geworden sind, Kommunismus, Faschismus und
Pazifismus, sind bei genauer Analyse Formen der Machtanbetung. Es ist bezeichnend, daß in unserem Lande im
Gegensatz zu den meisten anderen die marxistische Spielart
des Sozialismus ihre eifrigsten Anhänger im Mittelstand gefunden hat. Ihre Methoden, wenn nicht sogar ihre Theorien,
stehen offenbar mit dem in Konflikt, was man *bourgeoise*
Moral (also ganz gewöhnlichen Anstand) nennt, und in moralischen Fragen sind es die Proletarier, die *bourgeois* sind.

Eine der verbreitetesten Sagen der englischsprechenden
Völker ist die Geschichte von Hans dem Riesentöter — vom
kleinen Mann gegen den großen Mann. Mickey Mouse,
Popeye der Seefahrer und Charlie Chaplin sind im Grunde
ganz dieselbe Figur. (Es lohnt sich festzustellen, daß Chap-
lins Filme von dem Augenblick an, als Hitler zur Macht
kam, in Deutschland verboten wurden, und daß Chaplin
von englischen faschistischen Schriftstellern heftig angegrif-
fen worden ist.) Fast allgemein besteht in England nicht nur
ein Haß auf alles Schurigeln, sondern eine Tendenz, die
schwächere Partei zu unterstützen, einfach weil sie schwä-

England. Hence the admiration for a "good loser" and the easy forgiveness of failures, either in sport, politics, or war.

The feeling that one ought always to side with the weaker party probably derives from the balance-of-power policy which Britain has followed from the eighteenth century onwards. A European critic would add that it is humbug, pointing, in proof to the fact that Britain herself held down subject populations in India and elsewhere.

We don't, in fact, know what settlement the English common people would have made with India if the decision had been theirs. All political parties and all newspapers of whatever colour conspired to prevent them from seeing the issue clearly. We do know, however, that they have sometimes championed the weak against the strong when it was obviously not to their own advantage. The best example is the Irish Civil War. The real weapon of the Irish rebels was British public opinion, which was substantially on their side and prevented the British Government from crushing the rebellion in the only way possible. Even in the Boer War there was a considerable volume of pro sentiment, though it was not strong enough to influence events. One must conclude that in this matter the English common people have lagged behind their century. They have failed to catch up with power politics, "realism," *sacro egoismo* and the doctrine that the end justifies the means.

The general English hatred of bullying and terror-

cher ist. Daher die Bewunderung für einen „guten Verlierer" und die große Nachsicht für Mißerfolge sowohl im Sport wie in der Politik und im Kriege.

Das Gefühl, daß man es immer mit der schwächeren Partei halten sollte, stammt wahrscheinlich von der Politik des Gleichgewichts der Kräfte, die Großbritannien vom achtzehnten Jahrhundert an befolgt hat. Ein europäischer Kritiker würde hinzufügen, das sei alles Schwindel, und als Beweis auf die Tatsache hinweisen, daß Großbritannien selbst in Indien und anderswo Völker unterdrückt hat. Wir wissen tatsächlich nicht, wie das einfache englische Volk die indische Frage geregelt hätte, wenn sie in seiner Entscheidung gelegen hätte. Alle politischen Parteien und alle Zeitungen jeder Schattierung hatten sich damals verschworen, das Volk daran zu hindern, das Problem klar zu sehen. Wir wissen aber, daß es schon manches Mal den Schwächeren gegen den Stärkeren verteidigt hat, auch wenn das offensichtlich nicht in seinem Vorteil lag. Das beste Beispiel ist der Irische Bürgerkrieg. Die wirkliche Waffe der irischen Rebellen war die britische öffentliche Meinung, die zum größten Teil auf ihrer Seite war und die britische Regierung daran hinderte, die Rebellion in der einzig möglichen Art zu zerschlagen. Sogar während des Burenkrieges bestand in einem beträchtlichen Maße Sympathie für die Buren, wenn sie auch nicht stark genug war, um die Ereignisse beeinflussen zu können. Man muß daraus schließen, daß in dieser Hinsicht das einfache englische Volk hinter seinem Jahrhundert zurückgeblieben ist. Es hat versäumt, Verständnis zu entwickeln für Machtpolitik, „Realismus", geheiligte Selbstsucht und die Lehre, daß der Zweck die Mittel heilige.

Wenn Tyrannei und Terror in England allgemein gehaßt

ism means that any kind of violent criminal gets very little sympathy. Gangsterism on American lines could not flourish in England, and it is significant that the American gangsters have never tried to transfer their activities to this country.

At need, the whole nation would combine against people who kidnap babies and fire machine-guns in the street: but even the efficiency of the English police force really depends on the fact that the police have public opinion behind them. The bad side of this is the almost universal toleration of cruel and out-of-date punishments.

It is not a thing to be proud of that England should still tolerate such punishments as flogging. It continues partly because of the widespread psychological ignorance, partly because men are only flogged for crimes that forfeit nearly everyone's sympathy. There would be an outcry if it were applied to non-violent crimes, or re-instituted for military offences. Military punishments are not taken for granted in England as they are in most countries, and public opinion is almost certainly opposed to the death penalty for cowardice and desertion.

In general the English attitude to crime is ignorant and old-fashioned, and humane treatment even of child offenders is a recent thing. Still, if Al Capone were in an English jail, it would not be for evasion of income tax.

A more complex question than the English atti-

werden, so bedeutet das zugleich, daß jede Art von Gewalt-
verbrechen auf sehr wenig Sympathie stößt. Ein Gangster-
tum nach amerikanischem Muster könnte in England nicht
gedeihen, und es ist bezeichnend, daß die amerikanischen
Gangster niemals versucht haben, ihre Tätigkeit nach unserem Land zu verlegen. Notfalls würde sich die ganze Nation gegen Leute verbünden, die Babies kidnappen und auf
der Straße mit Maschinengewehren schießen; denn selbst
die Durchschlagskraft der englischen Polizeikräfte hängt
im Grunde von der Tatsache ab, daß die Polizei die öffentliche Meinung hinter sich hat. Die Kehrseite davon ist die
fast allgemeine Toleranz gegenüber grausamen und altmodischen Strafen. Daß England noch immer solche Strafen
wie die Prügelstrafe duldet, ist keine Sache, auf die wir
stolz sein könnten. Zum Teil erhält sie sich infolge der
weitverbreiteten Unkenntnis der Psychologie, zum Teil auch
deswegen, weil Menschen nur für solche Verbrechen geprü-
gelt werden, die nahezu jedermanns Sympathie verwirkt
haben. Es gäbe einen Aufschrei, wenn sie für Verbrechen
ohne Gewaltanwendung vollzogen oder für militärische
Vergehen wieder eingeführt würde. Militärische Strafen werden in England nicht als Selbstverständlichkeit hingenommen, wie es in den meisten Ländern der Fall ist, und sicherlich ist die öffentliche Meinung auch gegen die Todesstrafe
wegen Feigheit vor dem Feinde und Fahnenflucht. Im allgemeinen aber ist die englische Haltung dem Verbrechen gegenüber naiv und altmodisch, und selbst die humane Behandlung der minderjährigen Gesetzesbrecher ist jüngeren Datums. Immerhin, säße Al Capone in einem englischen Gefäng-
nis, so gewiß nicht wegen Einkommensteuerhinterziehung.
Eine schwierigere Frage als die englische Haltung gegen-

tude to crime and violence is the survival of puritanism and the world-famed English hypocrisy.

The English people proper, the working masses who make up seventy-five per cent of the population, are not puritanical. The dismal theology of Calvinism never popularised itself in England as it did for a while in Wales and Scotland. But puritanism in the looser sense in which the word is generally used (that is, prudishness, asceticism, the "killjoy" spirit) is something that has been unsuccessfully forced upon the working class by the class of small traders and manufacturers immediately above them. In its origin it had a clear though unconscious economic motive behind it. If you could persuade the working man that every kind of recreation was sinful, you could get more work out of him for less money. In the early nineteenth century there was even a school of thought which maintained that the working man ought not to marry. But it would be unfair to suggest that the puritan moral code was mere humbug. Its exaggerated fear of sexual immorality, which extended to a disapproval of stage plays, dancing, and even bright-coloured clothes, was partly a protest against the real corruption of the later Middle Ages: there was also the new factor of syphilis, which appeared in England about the sixteenth century and worked frightful havoc for the next century or two. A little later there was another new factor in the introduction of distilled liquors — gin, brandy, and so forth — which were very much more intoxicating than the beer and

über Verbrechen und Gewalt ist das Fortbestehen des Puritanismus und die weltberühmte englische Heuchelei.

Das eigentliche englische Volk, die Masse der Werktätigen, die fünfundsiebzig Prozent der Bevölkerung ausmacht, ist nicht puritanisch. Die düstere Theologie des Calvinismus hat sich niemals in England durchgesetzt, wie sie es in Schottland und Wales für eine Zeitlang getan hat. Aber Puritanismus in dem unbestimmteren Sinne, in dem das Wort allgemein gebraucht wird (also Prüderie, Askese und der Geist des „Spielverderbens"), ist etwas, das der arbeitenden Klasse ohne Erfolg von der unmittelbar über ihr stehenden Klasse der kleinen Händler und Fabrikanten aufgedrängt worden ist. Ursprünglich stand ein klares, wenn auch unbewußtes wirtschaftliches Motiv dahinter. Wenn man den Arbeiter davon überzeugen konnte, daß jede Art Entspannung Sünde ist, konnte man für weniger Geld mehr Arbeit aus ihm herausholen. Im frühen neunzehnten Jahrhundert gab es sogar eine Schule, die behauptete, daß der Arbeiter nicht heiraten sollte. Aber es wäre ungerecht, so zu tun, als ob der puritanische Sittenkodex auf bloßem Schwindel beruhe. Seine übertriebene Furcht vor sexueller Unmoral, die bis zur Verdammung von Theater, Tanz und sogar von Kleidern in leuchtenden Farben führte, war zum Teil ein Protest gegen die wirkliche Verdorbenheit des späten Mittelalters; hinzu kam als neuer Faktor die Syphilis, die gegen das sechzehnte Jahrhundert in England auftrat und furchtbare Verheerungen während der folgenden ein oder zwei Jahrhunderte anrichtete. Ein wenig später trat mit der Einführung von destillierten Getränken ein weiterer, neuer Faktor auf — Gin, Brandy usw. waren bei weitem schädlicher als Bier und Met, welche die Engländer gewohnt gewesen waren. Die

mead which the English had been accustomed to. The "temperance" movement was a well-meant reaction against the frightful drunkenness of the nineteenth century, product of slum conditions and cheap gin. But it was necessarily led by fanatics who regarded not merely drunkenness but even the moderate drinking of alcohol as sinful. During the past fifty years or so there has even been a similar drive against tobacco. A hundred years ago, or two hundred years ago, tobacco-smoking was much disapproved of, but only on the ground that it was dirty, vulgar, and injurious to health: the idea that it is a wicked self-indulgence is modern.

This line of thought has never really appealed to the English masses. At most they have been sufficiently intimidated by middle-class puritanism to take some of their pleasures rather furtively. It is universally agreed that the working classes are far more moral than the upper classes, but the idea that sexuality is wicked in itself has no popular basis. Music-hall jokes, Blackpool postcards, and the songs the soldiers make up are anything but puritanical. On the other hand, almost no one in England approves of prostitution. There are several big towns where prostitution is extremely blatant, but it is completely unattractive and has never been really tolerated. It could not be regulated and humanised as it has been in some countries, because every English person feels in his bones that it is wrong. As for the general weakening of sex morals that has happened during the past twenty or thirty years, it

„Enthaltsamkeitsbewegung" war eine gutgemeinte Reaktion auf den furchtbaren Alkoholismus des neunzehnten Jahrhunderts, der eine Folge der Lebensbedingungen in den Slums und des billigen Fusels war. Aber sie wurde natürlich von Fanatikern geführt, die nicht nur das Betrinken, sondern auch jeden maßvollen Alkoholgenuß als Sünde betrachteten. Während der letzten fünfzig Jahre hat es sogar eine ähnliche Bewegung gegen den Tabak gegeben. Vor hundert oder zweihundert Jahren war das Rauchen sehr verpönt, aber nur weil es schmutzig, vulgär und ungesund sei: daß es ein böses Laster sei, dieser Gedanke ist modern.

Solche Gedankengänge haben die englischen Massen niemals wirklich angezogen. Höchstens wurden die Leute durch den Puritanismus des Mittelstandes so eingeschüchtert, daß sie sich manche Vergnügungen nur verstohlen gestatteten. Man ist sich allgemein darüber einig, daß die arbeitenden Klassen bei weitem moralischer sind als die oberen, aber der Gedanke, daß das Geschlechtsleben an sich etwas Böses ist, ist nicht im Volk verwurzelt. Scherze, wie man sie in einem Revuetheater zu hören bekommt, Postkarten aus Blackpool und die Lieder, wie sie die Soldaten machen, sind alles andere als puritanisch. Andererseits billigt aber in England kaum jemand die Prostitution. Es gibt mehrere Großstädte, wo sie außerordentlich dreist auftritt, aber sie übt keinerlei Reiz aus und ist niemals wirklich geduldet worden. Sie konnte nicht unter Polizeiaufsicht gestellt und menschlicher gestaltet werden, wie das in einigen Ländern geschehen ist, weil jeder englische Mensch im Innersten fühlt, daß sie etwas Unrechtes ist. Was den allgemeinen Niedergang der sexuellen Moral anbetrifft, der in den letzten zwanzig oder dreißig Jahren vor sich gegangen ist, so

is probably a temporary thing, resulting from the excess of women over men in the population.

In the matter of drink, the only result of a century of "temperance" agitation has been a slight increase in hypocrisy. The practical disappearance of drunkenness as an English vice has not been due to the anti-drink fanatics, but to competing amusements, education, the improvement in industrial conditions, and the expensiveness of drink itself. The fanatics have been able to see to it that the Englishman drinks his glass of beer under difficulties and with a faint feeling of wrong-doing, but have not actually been able to prevent him from drinking it. The pub, one of the basic institutions of English life, carries on in spite of the harassing tactics of nonconformist local authorities.

So also with gambling. Most forms of gambling are illegal according to the letter of the law, but they all happen on an enormous scale. The motto of the English people might be the chorus of Marie Lloyd's song. "A little of what you fancy does you good." They are not vicious, not even lazy, but they will have their bit of fun, whatever the higher-ups may say. And they seem to be gradually winning their battle against the kill-joy minorities. Even the horrors of the English Sunday have been much mitigated during the past dozen years. Some of the laws regulating pubs — designed in every case to discourage the publican and make drinking unattractive — were

ist er wahrscheinlich eine Zeiterscheinung, die aus dem Frauenüberschuß in der Bevölkerung resultiert.

Und was das Trinken angeht, so ist das einzige Resultat von einem Jahrhundert Mäßigkeitspropaganda eine leichte Zunahme der Heuchelei gewesen. Wenn die Trunksucht als ein englisches Laster praktisch verschwunden ist, so ist das nicht den Antialkohol-Fanatikern zu verdanken, sondern der Konkurrenz anderer Vergnügungen, der Erziehung, der Verbesserung der Arbeitsbedingungen und dem hohen Preis der Getränke selber. Die Fanatiker haben durchzusetzen vermocht, daß der Engländer sein Glas Bier unter Schwierigkeiten trinkt und mit dem leisen Gefühl, etwas Unrechtes zu tun, sie sind aber nicht wirklich imstande gewesen, ihn daran zu hindern, es zu trinken. Der *pub*, die Kneipe, eine der grundlegenden Einrichtungen des englischen Lebens, gedeiht trotz der belästigenden Praktiken der eigensinnigen Ortsbehörden weiter. Dasselbe gilt vom Glücksspiel. Die meisten Formen des Spiels sind nach dem Buchstaben des Gesetzes verboten, werden aber in einem riesigen Ausmaße betrieben. Das Motto des englischen Volkes könnte der Refrain des Liedes von Marie Lloyd sein: „ein wenig von dem, was du dir erträumst, tut dir gut". Das Volk ist nicht lasterhaft, nicht einmal schwach, aber es will seinen kleinen Teil Spaß haben, was immer die Oberen dazu sagen mögen. Und es scheint allmählich seinen Kampf gegen die Minderheit der Spielverderber zu gewinnen. Sogar der Schrecken des englischen Sonntags ist in den letzten zwölf Jahren gemildert worden. Einige der Gesetze, die den Betrieb der Kneipen regeln und in jedem Falle das Ziel verfolgen, den Gastwirt zu entmutigen und dem Trinken den Reiz zu nehmen, sind während des Krieges gelockert

relaxed during the war. And it is a very good sign that the stupid rule forbidding children to enter pubs, which tended to dehumanise the pub and turn it into a mere drinking-shop, is beginning to be disregarded in some parts of the country.

Traditionally, the Englishman's home is his castle. In an age of conscription this cannot really be true, but the hatred of regimentation, the feeling that your spare time is your own and that a man must not be persecuted for his opinions, is deeply ingrained, and the centralising processes have not destroyed it.

It is a fact that the much-boasted freedom of the British press is theoretical rather than actual. To begin with the centralised ownership of the press means in practice that unpopular opinons can only be printed in books or in newspapers with small circulations. Moreover, the English people as a whole are not sufficiently interested in the printed word to be very vigilant about this aspect of their liberties, and during the last twenty years there has been much tampering with the freedom of the press, with no real popular protest. Even the demonstrations against the suppression of the *Daily Worker* were probably stage-managed by a small minority. On the other hand, freedom of speech is a reality, and respect for it is almost general. Extremely few English people are afraid to utter their political opinions in public, and there are not even very many who want to silence the opinions of others. There is a certain amount of petty persecution of "reds," but the real

worden. Und es ist ein sehr gutes Zeichen, daß das törichte Gesetz, das Kindern den Zutritt zu Kneipen untersagt und nur geeignet ist, den *pub* ungemütlich zu machen und in einen bloßen Ausschank zu verwandeln, in einigen Teilen des Landes allmählich nicht mehr beachtet wird.

Nach der Tradition ist für den Engländer sein Haus seine Burg. Im Zeitalter der Wehrpflicht kann das nicht mehr wirklich zutreffen, aber der Haß auf das Organisiertwerden, das Gefühl, daß die Freizeit dem Einzelnen gehört und daß ein Mensch nicht wegen seiner Überzeugung verfolgt werden darf, ist tief verwurzelt; die Tendenzen zu einer zentralisierten Bürokratie haben diese Eigenschaften nicht vernichtet.

Es ist eine Tatsache, daß die vielgerühmte Freiheit der britischen Presse eher theoretisch als echt ist. Erstens bedeutet das Besitzmonopol im Pressewesen in der Praxis, daß unpopuläre Meinungen nur in Büchern oder in Zeitungen mit kleinen Auflagen gedruckt werden können. Zum anderen ist das englische Volk als Ganzes nicht genug am gedruckten Wort interessiert, als daß es in Hinblick auf diese Freiheiten die Augen offenhielte, und in den letzten zwanzig Jahren sind Eingriffe in die Pressefreiheit vorgekommen, ohne daß es einen wirklich vom Volk getragenen Protest gegeben hätte. Sogar die Demonstrationen gegen das Verbot des *Daily Worker* sind wahrscheinlich von einer kleinen Minderheit in Szene gesetzt worden. Die Freiheit der Rede dagegen ist eine Tatsache, und der Respekt vor ihr ist fast allgemein. Außerordentlich wenige Engländer haben Angst, ihre politische Meinung öffentlich zu äußern, und es gibt nicht einmal sehr viele, die die Meinung anderer zum Schweigen bringen möchten. Es gibt in einem gewissen Umfang kleinliche Verfolgungen der „Roten", aber die wirk-

totalitarian atmosphere, in which the State endeavours to control people's thoughts as well as their words, is hardly imaginable.

The safeguard against it is partly the respect for integrity of conscience, and the willingness to hear both sides, which can be observed at any public meeting. But it is also partly the prevailing lack of intellectuality. The English are not sufficiently interested in intellectual matters to be intolerant about them. "Deviations" and "dangerous thoughts" do not seem very important to them. An ordinary Englishman, Conservative, Socialist, Catholic, Communist, or what not, almost never grasps the full logical implications of the creed he professes: almost always he utters heresies without noticing it. Orthodoxies, whether of the Right or the Left, flourish chiefly among the literary intelligentsia, the people who ought in theory to be the guardians of freedom of thought.

The English people are not good haters, their memory is very short, their patriotism is largely unconscious, they have no love of military glory and not much admiration for great men. They have the virtues and the vices of an old-fashioned people. To twentieth-century political theories they oppose not another theory of their own, but a moral quality which must be vaguely described as decency. The amount of liberty, intellectual or other, that we enjoy in England ought not to be exaggerated, but the fact that it did not markedly diminish in nearly six years of desperate war is a hopeful symptom.

lich totalitäre Atmosphäre, in welcher der Staat sich bemüht, sowohl die Gedanken als auch die Worte der Bürger zu kontrollieren, ist kaum vorstellbar.

Dagegen schützt zum Teil der Respekt vor der Unantastbarkeit des Gewissens und die Bereitschaft, beide Seiten zu hören, die man in jeder öffentlichen Versammlung beobachten kann. Aber es ist auch der verbreitete Mangel an Intellektualität. Die Engländer sind nicht genug an intellektuellen Fragen interessiert, um intolerant gegen sie werden zu können. „Abweichungen" und „gefährliche Gedanken" scheinen ihnen nicht sehr wichtig zu sein. Ein normaler Engländer, ein Konservativer, Sozialist, Katholik, Kommunist oder was immer er sein mag, begreift fast niemals die volle logische Konsequenz der Überzeugung, zu der er sich bekennt: fast immer äußert er Ketzereien, ohne es zu merken. Orthodoxie, ob auf der Rechten oder der Linken, blüht hauptsächlich unter der Intelligenz, also bei den Leuten, die theoretisch die Wächter der Gedankenfreiheit sein sollten.

Die Engländer sind keine guten Hasser. Ihr Gedächtnis ist sehr kurz, ihr Patriotismus weitgehend unbewußt; sie lieben keinen militärischen Ruhm und bringen nicht viel Bewunderung für große Männer auf. Sie haben die Tugenden und Laster eines altmodischen Volkes. Den politischen Theorien des zwanzigsten Jahrhunderts stellen sie keine eigene entgegen, sondern eine moralische Eigenschaft, die ganz allgemein als Anstand bezeichnet werden kann. Das Maß an Freiheit, geistiger und sonstiger, dessen wir uns in England erfreuen, sollte nicht übertrieben werden, aber die Tatsache, daß es in fast sechs verzweifelten Kriegsjahren nicht merklich abgenommen hat, ist ein hoffnungsvolles Zeichen.

The political outlook of the English people

The English people are not only indifferent to fine points of doctrine, but are remarkably ignorant politically. They are only now beginning to use the political terminology which has been current for years in Continental countries. If you asked a random group of people from any stratum of the population to define capitalism, socialism, communism, anarchism, Trotskyism, fascism, you would get mostly vague answers, and some of them would be surprisingly stupid ones.

But they are also distinctly ignorant about their own political system. During recent years, for various reasons, there has been a revival of political activity, but over a longer period the interest in party politics has been dwindling.

Great numbers of adult English people have never in their lives bothered to vote in an election. In big towns it is quite common for people not to know the name of their M. P. or what constituency they live in. Nor does the anomalous electoral system, which usually favours the Conservative Party, though it happened to favour the Labour Party in 1945, arouse much protest. Attention focuses on policies and individuals (Chamberlain, Churchill, Cripps, Beveridge,

Der politische Horizont des englischen Volkes

Die Engländer sind nicht nur gegenüber doktrinären Spitz-
findigkeiten gleichgültig, sondern politisch überhaupt be-
merkenswert unwissend. Erst jetzt fangen sie an, die politische Terminologie zu gebrauchen, die in den Ländern des
Kontinents seit Jahren geläufig ist. Wenn man eine beliebige
Gruppe von Leuten aus irgendeiner Schicht der Bevölkerung
auffordern würde, Kapitalismus, Sozialismus, Kommunismus, Anarchismus, Trotzkismus oder Faschismus zu definieren, so würde man meist verschwommene Antworten bekommen, und manche davon würden überraschend dumm sein.

Sie sind aber auch ausgesprochen unwissend in Hinblick
auf ihr eigenes politisches System. In den letzten Jahren hat
es zwar aus verschiedenen Gründen ein Wiederaufleben der
politischen Aktivität gegeben, aber über einen längeren
Zeitraum hat das Interesse an Parteipolitik immer mehr
nachgelassen. Es gibt eine große Zahl von erwachsenen Engländern, die sich niemals in ihrem Leben der langweiligen
Mühe unterzogen haben, bei einer Wahl ihre Stimme ab-
zugeben. In den großen Städten ist es durchaus normal, daß
die Leute den Namen ihres Parlamentsabgeordneten nicht
kennen oder nicht wissen, in welchem Wahlkreis sie wohnen. Auch ruft das anomale Wahlsystem, das gewöhnlich
die Konservative Partei begünstigt — wenn es auch 1945
einmal die Labour-Partei begünstigt hat — keinen großen
Widerspruch hervor. Das Interesse richtet sich mehr auf politische Pläne und Persönlichkeiten (Chamberlain, Churchill,

Bevin) rather than on parties. The feeling that Parliament really controls events, and that sensational changes are to be expected when a new government comes in, has been gradually fading ever since the first Labour government in 1923.

In spite of many subdivisions, Britain has in effect only two political parties, the Conservative Party and the Labour Party, which between them broadly represent the main interests of the nation. But during the last twenty years the tendency of these two parties has been to resemble one another more and more. Everyone knows in advance that any government, whatever its political principles may be, can be relied upon not to do certain things. Thus, no Conservative government will ever revert to what would have been called Conservatism in the nineteenth century. No Socialist government will massacre the propertied class, nor even expropriate them without compensation. This blurring of party distinctions is happening in almost all countries, partly because everywhere, except, perhaps, in the U.S.A., the drift is towards a planned economy, partly because in an age of power politics national survival is felt to be more important than class warfare. But Britain has certain peculiarities resulting from its being both a small island and the centre of an Empire. To begin with, given the present economic system, Britain's prosperity depends partly on the Empire, while all Left parties are theoretically anti-imperialist. Politicians of the Left are therefore aware — or have recently become aware —

Cripps, Beveridge, Bevin) als auf Parteien. Das Gefühl, daß das Parlament wirklich Herr der Ereignisse ist und daß sensationelle Veränderungen zu erwarten sind, wenn eine neue Regierung ans Ruder kommt, hat seit der ersten Labour-Regierung von 1923 mehr und mehr nachgelassen.

Trotz vieler Gruppenbildungen hat Großbritannien praktisch nur zwei politische Parteien, die Conservative Party und die Labour Party, in denen die wesentlichen Interessen der Nation weitgehend vertreten sind. Während der letzten zwanzig Jahre haben jedoch beide Parteien die Tendenz gehabt, sich mehr und mehr einander anzugleichen. Jedermann weiß im voraus, daß er sich bei jeder Regierung, was immer ihre politischen Prinzipien sein mögen, darauf verlassen kann, daß sie bestimmte Dinge nicht tut. So wird keine konservative Regierung jemals zu dem zurückkehren, was man im neunzehnten Jahrhundert Konservativismus genannt haben würde. Keine sozialistische Regierung wird die besitzende Klasse niedermetzeln oder sie auch nur ohne Entschädigung enteignen. Dieses Verschwimmen der Parteiunterschiede findet in fast allen Ländern statt, zum Teil, weil überall — vielleicht mit Ausnahme der U.S.A. — eine Tendenz zur Planwirtschaft besteht, zum Teil, weil man im Zeitalter der Machtpolitik fühlt, daß das Überleben der Nation wichtiger ist als der Klassenkampf. Doch Großbritannien hat gewisse Besonderheiten, die sich aus der Tatsache erklären, daß es zugleich eine kleine Insel und das Zentrum eines großen Reiches ist. Erstens hängt der Wohlstand Großbritanniens bei dem gegenwärtigen Wirtschaftssystem zum Teil von seinem Empire ab, während alle Linksparteien theoretisch anti-imperialistisch sind. Die Politiker der Linken sind sich daher bewußt (oder sind sich in der letzten Zeit

that once in power they choose between abandoning some of their principles or lowering the English standard of living. Secondly, it is impossible for Britain to go through the kind of revolutionary process that the U.S.S.R. went through. It is too small, too highly organised, too dependent on imported food.

Civil war in England would mean starvation or conquest by some foreign power, or both. Thirdly and most important of all, civil war is not *morally* possible in England. In any circumstances that we can foresee, the proletariat of Hammersmith will not arise and massacre the *bourgeoisie* of Kensington: they are not different enough. Even the most drastic changes will have to happen peacefully and with a show of legality, and everyone except the "lunatic fringes" of the various political parties is aware of this.

These facts make up the background of the English political outlook. The great mass of the people want profound changes, but they do not want violence. They want to preserve their own standard of living, and at the same time they want to feel that they are not exploiting less fortunate peoples. If you issued a questionnaire to the whole nation, asking, "What do you want from politics?", the answer would be much the same in the overwhelming majority of cases. Substantially it would be: "Economic security, a foreign policy which will ensure peace, and more social equality." Of these, the first is by far the most important, unemploy-

bewußt geworden), daß sie, wenn sie einmal an die Macht gekommen sind, vor der Wahl stehen, entweder einige ihrer Prinzipien aufzugeben oder den englischen Lebensstandard zu drücken. Zweitens ist es für Großbritannien nicht möglich, eine revolutionäre Entwicklung durchzuhalten, wie sie die UdSSR durchgemacht hat. Es ist zu klein, zu straff organisiert, zu abhängig von der Lebensmitteleinfuhr. Ein Bürgerkrieg in England würde Hungersnot oder Eroberung durch eine fremde Macht bedeuten, oder beides. Drittens, und das ist das Wichtigste, ist in England ein Bürgerkrieg *moralisch* unmöglich. Unter keinen denkbaren Umständen wird das Proletariat von Hammersmith aufstehen und die *Bourgeoisie* von Kensington abschlachten: sie unterscheiden sich nicht genug voneinander. Selbst die drastischsten Änderungen müßten friedlich und mit einem Schein von Legalität vor sich gehen, und außer den „Wahnsinnsfransen", den extremen Flügeln in den verschiedenen politischen Parteien, ist sich jedermann dessen bewußt.

Diese Tatsachen bilden den Hintergrund des englischen politischen Horizonts. Die große Masse des Volkes wünscht tiefgehende Veränderungen, aber sie wünscht keine Gewalttätigkeiten. Sie möchte sich ihren Lebensstandard erhalten, und gleichzeitig möchte sie das Gefühl haben, daß sie nicht andere, weniger glückliche Völker ausbeutet. Wenn man an die ganze Nation einen Fragebogen verteilen würde mit der Frage: „Was erwarten Sie von der Politik?", so würde in der überwältigenden Mehrzahl der Fälle die Antwort die gleiche sein. Im Grunde würde sie lauten: „Wirtschaftliche Sicherheit, eine Außenpolitik, die den Frieden sichert, und größere soziale Gleichheit". Von diesen Antworten wäre die erste bei weitem die gewichtigste, weil Arbeitslosigkeit

ment being an even greater nightmare than war. But few people would think it necessary to mention either capitalism or socialism. Neither word has much emotional appeal. No one's heart beat faster at the thought of nationalising the Bank of England: on the other hand, the old line of talk about sturdy individualism and the sacred rights of property is no longer swallowed by the masses. They know it is not true that "there's plenty of room at the top," and in any case most of them don't want to get to the top: they want steady jobs and a fair deal for their children.

During the last few years, owing to the social frictions arising out of the war, and discontent with the obvious inefficiency of old-style capitalism, public opinion has moved considerably to the Left, but without growing more doctrinaire or markedly bitterer. None of the political parties which call themselves revolutionary have seriously increased their following. There are about half a dozen of these parties, but their combined membership, even if one counts the remnants of Mosley's Blackshirts, would probably not amount to 150,000. The most important of them is the Communist Party, but even the Communist Party, after twenty-five years of existence, must be held to have failed. Although it has had considerable influence at moments when circumstances favoured it, it has never shown signs of growing into a mass party of the kind that exists in France or used to exist in pre-Hitler Germany.

ein noch größerer Alpdruck ist als Krieg. Aber nur wenige Leute würden es für nötig halten, Kapitalismus oder Sozialismus zu erwähnen. Keines der beiden Worte hat eine große emotionale Anziehungskraft. Niemandem schlug das Herz höher bei dem Gedanken an eine Sozialisierung der Bank von England. Die alten Argumente für den unbedingten Individualismus und für die geheiligten Rechte des Eigentums aber werden von der Masse auch nicht mehr geschluckt. Die Leute wissen, es ist nicht wahr, daß „an der Spitze sehr viel Platz ist", und die meisten von ihnen möchten jedenfalls nicht an die Spitze: sie wollen gesicherte Arbeitsplätze und eine gerechte Aufstiegsmöglichkeit für ihre Kinder.

Unzufrieden mit der offensichtlichen Unzulänglichkeit des Kapitalismus alten Stils, hat sich in den letzten Jahren die öffentliche Meinung infolge der kriegsbedingten sozialen Reibungen beträchtlich der Linken zugeneigt, ohne dabei jedoch doktrinärer oder merklich verbitterter zu werden. Keine der politischen Parteien, die sich revolutionär nennen, hat ihre Anhängerschaft nennenswert vergrößert. Es gibt etwa ein halbes Dutzend von diesen Parteien, aber die Summe ihrer Mitglieder, selbst wenn man die Übriggebliebenen von Mosleys Schwarzhemden mitzählte, würde wahrscheinlich keine 150 000 ausmachen. Die wichtigste von ihnen ist die Kommunistische Partei, aber selbst von der Kommunistischen Partei muß nach fünfundzwanzig Jahren ihres Bestehens festgestellt werden, daß sie gescheitert ist. Obgleich sie in Augenblicken, in denen die Umstände sie begünstigten, beträchtlichen Einfluß gehabt hat, haben sich noch niemals bei ihr Anzeichen dafür gefunden, daß sie zu einer Massenpartei anwachsen könnte, wie sie in Frankreich besteht oder in Deutschland vor der Hitlerzeit fast immer bestanden hat.

Over a long period of years, Communist Party membership has gone up or down in response to the changes in Russian foreign policy. When the U.S.S.R. is on good terms with Britain, the British Communists follow a "moderate" line hardly distinguishable from that of the Labour Party, and their membership swells to some scores of thousands. When British and Russian policy diverge, the Communists revert to a "revolutionary" line and membership slumps again. They can, in fact, only get themselves a worthwhile following by abandoning their essential objectives.

The various other Marxist parties, all of them claiming to be the true and uncorrupted successors of Lenin, are in an even more hopeless position. The average Englishman is unable to grasp their doctrines and uninterested in their grievances. And in England the lack of conspiratorial mentality which has been developed in police-ridden European countries is a great handicap. English people in large numbers will not accept any creed whose dominant notes are hatred and illegality.

The ruthless ideologies of the Continent — not merely communism and fascism, but anarchism, Trotskyism, and even ultramontane Catholicism — are accepted in their pure form only by the intelligentsia, who constitute a sort of island of bigotry amid the general vagueness. It is significant that English revolutionary writers are obliged to use a

Eine lange Reihe von Jahren hindurch ist der Mitglieder-
bestand der Kommunistischen Partei im gleichen Rhythmus
wie die Veränderungen in der russischen Außenpolitik ge-
stiegen und gesunken. Wenn die UdSSR mit Großbritannien auf gutem Fuß steht, verfolgen die britischen Kommunisten einen „gemäßigten" Kurs, der kaum von dem der
Labour-Partei zu unterscheiden ist, und ihr Mitgliederbe-
stand schwillt auf einige zwanzigtausend an. Wenn die britische und die russische Politik verschiedene Wege gehen,
schwenken die Kommunisten wieder auf einen „revolutionären" Kurs ein, und die Mitgliederzahl sinkt schlagartig
ab. Sie können sich tatsächlich eine nennenswerte Anhängerschaft nur erhalten, wenn sie ihre wesentlichen Ziele aufgeben. Die verschiedenen anderen marxistischen Parteien,
die alle den Anspruch erheben, in der wahren und unver-
fälschten Nachfolge Lenins zu stehen, sind in einer noch
hoffnungsloseren Lage. Der durchschnittliche Engländer ist
unfähig, ihre Doktrinen zu begreifen, und interessiert sich
nicht für ihre Anliegen. Hinzu kommt, daß das Fehlen einer
verschwörerischen Mentalität, wie sie sich in den von ihrer
Polizei geplagten europäischen Ländern entwickelt hat, in
England ein großes Hindernis ist. Eine große Zahl von Engländern wird keine Weltanschauung gelten lassen, deren
charakteristische Merkmale Haß und Ungesetzlichkeit sind.
Die unbarmherzigen Ideologien des Kontinents — nicht nur
Kommunismus und Faschismus, sondern auch Anarchismus,
Trotzkismus und sogar ultramontaner Katholizismus — werden in ihrer reinen Form nur von der Intelligenz vertreten,
die eine Art Insel der Blindgläubigkeit in der allgemeinen
Begriffsverschwommenheit bildet. Es ist bezeichnend, daß
die revolutionären englischen Schriftsteller genötigt sind,

bastard vocabulary whose key phrases are mostly translations. There are no native English words for most of the concepts they are dealing with. Even the word "proletarian," for instance, is not English and the great majority of English people do not know what it means. It is generally used, if at all, to mean simply "poor."

But even so it is given a social rather than an economic slant and most people would tell you that a blacksmith or a cobbler is a proletarian and that a bank clerk is not. As for the word "*bourgeois*," it is used almost exclusively by people who are of *bourgeois* origin themselves. The only genuinely popular use of the word is as a printer's term. It is then, as one might expect, anglicised and pronounced "boorjoyce."

But there is one abstract political term which is fairly widely used and has a loose but well-understood meaning attached to it. This is the word "democracy." In a way, the English people do feel that they live in a democratic country. Not that anyone is so stupid as to take this in a literal sense. If democracy means either popular rule or social equality, it is clear that Britain is not democratic. It is, however, democratic in the secondary sense which has attached itself to that word since the rise of Hitler. To begin with, minorities have some power of making themselves heard. But more than this, public opinion cannot be disregarded when it chooses to express itself. It may have to work in indirect

ein Bastardvokabular zu gebrauchen, dessen Schlüsselworte meistens aus einer anderen Sprache übersetzt sind. Es gibt für die meisten der von ihnen behandelten Grundbegriffe keine ursprünglich englischen Wörter. Sogar das Wort „Proletarier" zum Beispiel ist nicht englisch, und die große Mehrheit des englischen Volkes weiß nicht, was es bedeutet. Es wird gewöhnlich − wenn überhaupt − in der Bedeutung „arm" gebraucht. Aber selbst in dieser Bedeutung wird eher eine soziale als eine wirtschaftliche Wertskala angesprochen, und die meisten Menschen würden uns versichern, daß ein Schmied oder ein Schuster ein Proletarier sei und ein Bankangestellter nicht. Und was das Wort *bourgeois* anbetrifft, so wird es fast ausschließlich von Leuten gebraucht, die selber *bourgeois* von Herkunft sind. Wirklich allgemein angewandt wird das Wort nur vom Drucker für den Schriftgrad „Borgis". Es tritt dann, wie zu erwarten, anglisiert auf und wird „boorjoyce" ausgesprochen.

Aber es gibt einen abstrakten politischen Ausdruck, der ziemlich oft gebraucht wird und eine zwar weite, aber doch allgemein verstandene Bedeutung angenommen hat. Das ist das Wort „Demokratie". Das englische Volk fühlt gewissermaßen, daß es in einem demokratischen Lande lebt. Nicht daß irgend jemand so dumm wäre, das wörtlich zu nehmen. Wenn Demokratie Volksherrschaft oder soziale Gleichheit bedeutet, ist es klar, daß Großbritannien nicht demokratisch ist. Es ist jedoch in dem sekundären Sinne demokratisch, den das Wort seit Hitlers Aufstieg angenommen hat. Erstens haben Minderheiten eine gewisse Möglichkeit, sich Gehör zu verschaffen. Aber noch mehr: die öffentliche Meinung kann nicht übergangen werden, wenn sie sich einmal entschließt, sich zu Wort zu melden. Sie mag manchmal ge-

ways, by strikes, demonstrations and letters to the newspapers, but it can and visibly does affect government policy. A British government may be unjust, but it cannot be quite arbitrary. It cannot do the kind of thing that a totalitarian government does as a matter of course. One example out of the thousands that might be chosen is the German attack on the U.S.S.R. in 1941. The significant thing is not that this was made without a declaration of war — that was natural enough — but that it was made without any propaganda build-up beforehand. The German people woke up to find themselves at war with a country that they had been ostensibly on friendly terms with on the previous evening. Our own government would not dare to do such a thing, and the English people are fairly well aware of this. English political thinking is much governed by the word "They." "They" are the higher-ups, the mysterious powers who do things to you against your will. But there is a widespread feeling that "They," though tyrannical, are not omnipotent. "They" will respond to pressure if you take the trouble to apply it: "They" are even removable. And with all their political ignorance the English people will often show surprising sensitiveness when some small incident seems to show that "They" are overstepping the mark. Hence, in the midst of seeming apathy, the sudden fuss every now and then over a rigged by-election or a too-Cromwellian handling of Parliament.

One thing that is extremely difficult to be certain

nötigt sein, in indirekter Weise vorzugehen, durch Streiks, Demonstrationen und Briefe an die Zeitungen, aber sie kann die Politik der Regierung beeinflussen und tut das auch sichtlich. Eine britische Regierung mag einmal ungerecht sein, aber sie kann nicht ganz willkürlich regieren. Sie kann gewisse Dinge nicht tun, die eine totalitäre Regierung mit großer Selbstverständlichkeit tut. Ein Beispiel unter tausenden, die hier genannt werden könnten, ist der deutsche Angriff auf die UdSSR im Jahre 1941. Das Bezeichnende ist nicht, daß er ohne Kriegserklärung ausgeführt wurde (das war begreiflich genug), sondern daß er ohne von langer Hand vorbereitende Propaganda unternommen wurde. Das deutsche Volk wachte auf und fand sich mit einem Lande im Krieg, mit dem es am Vorabend noch in angeblich freundlichen Beziehungen gestanden hatte. Unsere eigene Regierung würde so etwas nicht wagen, und das englische Volk ist sich dessen ziemlich gut bewußt. Das englische politische Denken ist sehr von dem Worte „sie" bestimmt. „Sie" sind „die da oben", die geheimnisvollen Mächtigen, die einem Dinge antun, die man nicht will. Aber es besteht die weitverbreitete Überzeugung, daß „sie" zwar tyrannisch, aber nicht allmächtig sind. „Sie" werden auf Druck reagieren, wenn man sich die Mühe macht, ihn anzuwenden. „Sie" sind sogar absetzbar. Und bei all seiner politischen Ahnungslosigkeit zeigt das englische Volk doch häufig eine überraschende Empfindlichkeit, wenn irgendein kleiner Vorfall darauf hinzudeuten scheint, daß „sie" die Grenze überschreiten. Daher inmitten anscheinender Gleichgültigkeit die plötzliche Aufregung über eine manipulierte Nachwahl oder eine allzu cromwellsche Behandlung des Parlaments.

Etwas, das sehr schwer zu beurteilen ist, ist die Beharr-

about is the persistence in England of monarchist sentiment. There cannot be much doubt that at any rate in the south of England it was strong and genuine until the death of King George V in 1936. The popular response to the Silver Jubilee in 1935 took the authorities by surprise, and the celebrations had to be prolonged for an extra week. At normal times it is only the richer classes who are overtly royalist: in the West End of London, for instance, people stand to attention for "God Save the King" at the end of a picture show, whereas in the poorer quarters they walk out.

But the affection shown for George V at the Silver Jubilee was obviously genuine, and it was even possible to see in it the survival, or recrudescence, of an idea almost as old as history, the idea of the King and the common people being in a sort of alliance against the upper classes; for example, some of the London slum streets bore during the Jubilee the rather servile slogan "Poor but Loyal." Other slogans, however, coupled loyalty to the King with hostility to the landlord, such as "Long Live the King. Down With the Landlord," or more often, "No Landlords Wanted" or "Landlords Keep Away." Over the past four hundred years royalist sentiment has waxed or waned according to circumstances. Queen Victoria, for instance, was decidedly unpopular during part of her reign, and in the first quarter of the nineteenth century public interest in the Royal Family was not nearly as strong as it was a hundred years

lichkeit der monarchistischen Gesinnung in England. Es besteht kein Zweifel, daß sie jedenfalls im Süden Englands bis zum Tode Georgs V. im Jahre 1936 stark und echt gewesen ist. Die Anteilnahme des Volkes an dem Silbernen Regierungsjubiläum im Jahre 1935 überraschte die Behörden, und die Feierlichkeiten mußten um eine Woche verlängert werden. In normalen Zeiten geben sich nur die wohlhabenden Klassen offen königstreu: im Londoner Westend zum Beispiel stehen die Leute am Ende einer Filmvorstellung beim „Gott schütze den König" achtungsvoll auf, während sie in den ärmeren Vierteln einfach hinausgehen. Aber die Begeisterung, die sich beim Silbernen Jubiläum für Georg V. zeigte, war offenbar echt, und es war sogar möglich, darin das Überdauern oder die Wiedererweckung einer Idee zu erblicken, die fast so alt wie die Geschichte ist: die Idee, daß der König und das gemeine Volk sich in einer Art Bündnis gegen die höheren Klassen befinden. So trugen zum Beispiel einige Londoner Slum-Straßen während des Jubiläums den ziemlich servilen Spruch „Arm aber treu". Andere aber verbanden die Treue zum König mit der Feindseligkeit gegen die Großgrundbesitzer, wie zum Beispiel: „Lang lebe der König. Nieder mit den Großgrundbesitzern!" oder noch häufiger „Großgrundbesitzer unerwünscht!" oder einfach „Fort mit den Großgrundbesitzern!". In den vergangenen vierhundert Jahren hat die monarchistische Gesinnung je nach den Umständen zu- und abgenommen. Königin Viktoria war zum Beispiel während eines Teils ihrer Regierungszeit ausgesprochen unbeliebt, und im ersten Viertel des neunzehnten Jahrhunderts war das öffentliche Interesse an der königlichen Familie nicht annähernd so groß wie hundert Jahre später. Im Augenblick ist die Masse

later. At this moment the mass of the English people are probably mildly republican. But it may well be that another long reign, similar to that of George V, would revive royalist feeling and make it — as it was between roughly 1880 and 1936 — an appreciable factor in politics.

des englischen Volkes wahrscheinlich leicht republikanisch gestimmt. Aber es mag sein, daß eine neue lange Regierungszeit ähnlich wie die Georgs V. die königstreuen Gefühle wieder belebt und sie zu einem beachtlichen Faktor in der Politik macht, wie es von ungefähr 1880 bis 1936 der Fall war.

The English class system

To the often heard charge that England is still "two nations," the only truthful answer would be that she is in fact three nations. But the peculiarity of English class distinctions is not that they are unjust — for after all, wealth and poverty exist side by side in almost all countries — but that they are anachronistic. They do not exactly correspond to economic distinctions, and what is essentially an industrial and capitalist country is haunted by the ghost of a caste system.

It is usual to classify modern society under three headings: the upper class, or *bourgeoisie,* the middle class, or *petite bourgeoisie,* and the working class, or proletariat. This roughly fits the facts, but one can draw no useful inference from it unless one takes account of the subdivisions within the various classes and realises how deeply the whole English outlook is coloured by romanticism and sheer snobbishness.

England is one of the last remaining countries to cling to the outward forms of feudalism. Titles are maintained and new ones are constantly created, and the House of Lords, consisting mainly of hereditary peers, has real powers. At the same time England has no real aristocracy. The race difference on which

Das englische Klassensystem

Auf den oft gehörten Vorwurf, daß England noch immer aus „zwei Nationen" bestehe, wäre die einzig richtige Antwort, daß es tatsächlich aus drei Nationen besteht. Aber die Eigentümlichkeit der englischen Klassenunterschiede ist nicht, daß sie ungerecht sind — denn schließlich existieren in fast allen Ländern Wohlstand und Armut Seite an Seite — sondern daß sie anachronistisch sind. Sie entsprechen nicht genau den wirtschaftlichen Unterschieden, und ein im wesentlichen industrielles und kapitalistisches Land wird heimgesucht von dem Gespenst eines Kastensystems.

Es ist üblich, die moderne Gesellschaft in drei Rubriken einzuteilen: die Oberschicht oder die *Bourgeoisie*, den Mittelstand oder die *Petite Bourgeoisie* und die arbeitende Klasse oder das Proletariat. Im Groben entspricht das den Tatsachen, aber es hat keinen praktischen Nutzen, wenn man nicht die Unterteilungen innerhalb der verschiedenen Klassen berücksichtigt und sich klar macht, wie sehr der ganze Horizont des Engländers durch romantische Vorstellungen und pure Versnobtheit bestimmt wird.

England ist eines von den letzten Ländern, die sich noch an die äußeren Formen des Feudalstaates klammern. Titel werden beibehalten und fortgesetzt neue geschaffen, und das Oberhaus, das hauptsächlich aus Angehörigen des höheren erblichen Adels besteht, hat wirkliche Macht. Andererseits besitzt England keine wirkliche Aristokratie. Der Rassenunterschied, auf dem Adelsherrschaft gewöhnlich be-

aristocratic rule is usually founded was disappearing by the end of the Middle Ages, and the famous medieval families have almost completely vanished. The so-called old families are those that grew rich in the sixteenth, seventeenth, and eighteenth centuries. Moreover, the notion that nobility exists in its own right, that you can be a nobleman even if you are poor, was already dying out in the age of Elizabeth, a fact commented on by Shakespeare. And yet, curiously enough, the English ruling class has never developed into a *bourgeoisie* plain and simple. It has never become purely urban or frankly commercial.

The ambition to be a country gentleman, to own and administer land and draw at least a part of your income from rent, has survived every change. So it comes that each new wave of parvenus, instead of simply replacing the existing ruling class, has adopted its habits, intermarried with it, and, after a generation or two, become indistinguishable from it.

The basic reason for this may perhaps be that England is very small and has an equable climate and pleasantly varied scenery. It is almost impossible in England, and not easy even in Scotland, to be more than twenty miles from a town. Rural life is less inherently boorish than it is in bigger countries with colder winters. And the comparative integrity of the British ruling class — for when all is said and done they have not behaved so contemptibly as their European opposite numbers — is pro-

ruht, verschwand am Ende des Mittelalters, und die berühmten mittelalterlichen Familien sind fast vollständig verschwunden. Die sogenannten alten Familien sind die, die im sechzehnten, siebzehnten und achtzehnten Jahrhundert reich geworden sind. Überdies ist die Überzeugung, daß Adel aus eigenem Recht existiert, daß man also ein Edelmann sein kann, auch wenn man arm ist, schon im Elisabethanischen Zeitalter ausgestorben, eine Tatsache, die auch von Shakespeare behandelt wird. Und doch, so seltsam es klingt, die herrschende englische Klasse hat sich niemals voll und ganz zu einer *Bourgeoisie* entwickelt. Sie ist niemals rein städtisch oder offen kommerziell geworden. Der Ehrgeiz, ein Landedelmann zu sein, Land zu besitzen und zu verwalten und jedenfalls einen Teil seines Einkommens als Bodenrente zu beziehen, hat alle Veränderungen überlebt. So kommt es, daß jede neue Welle von Emporkömmlingen, anstatt sich einfach an die Stelle der bestehenden herrschenden Klasse zu setzen, deren Gewohnheiten angenommen und sich mit ihr durch Heiraten verbunden hat, so daß sie nach ein oder zwei Generationen nicht mehr von ihr zu unterscheiden war.

Der tiefste Grund dafür mag vielleicht sein, daß England sehr klein ist und ein beständiges Klima und gefällige, abwechslungsreiche Landschaften hat. In England ist es fast unmöglich — und selbst in Schottland nicht leicht — weiter als zwanzig Meilen von der nächsten Stadt entfernt zu sein. Das Landleben ist seinem Charakter nach weniger bäuerlich als in größeren Ländern mit kälteren Wintern. Und die verhältnismäßige Anständigkeit der herrschenden britischen Klasse — denn alles in allem hat sie sich nicht so abscheulich benommen wie ihr europäisches Gegenstück — hängt wahr-

bably bound up with their idea of themselves as feudal landowners. This outlook is shared by considerable sections of the middle class. Nearly everyone who can afford to do so sets up as a country gentleman, or at least makes some effort in that direction. The manor-house with its park and its walled gardens reappears in reduced form in the stockbroker's week-end cottage, in the suburban villa with its lawn and herbaceous border, perhaps even in the potted nasturtiums on the window-sill of the Bayswater flat.

This widespread day-dream is undoubtedly snobbish, it has tended to stabilise class distinctions and has helped to prevent the modernisation of English agriculture: but it is mixed up with a kind of idealism, a feeling that style and tradition are more important than money.

Within the middle class there is a sharp division, cultural and not financial, between those who aim at gentility and those who do not. According to the usual classification, everyone between the capitalist and the weekly wage-earner can be lumped together as "*petite bourgeoisie.*" This means that the Harley Street physician, the army officer, the grocer, the farmer, the senior civil servant, the solicitor, the clergyman, the schoolmaster, the bank manager, the speculative builder, and the fisherman who owns his own boat, are all in the same class. But no one in England feels them to belong to the same class, and the distinction between them is not a distinction of income but of accent, manners and, to some

scheinlich mit ihrer Vorstellung von sich selber als einer Schicht von feudalen Landbesitzern zusammen. Diese Geisteshaltung wird von einem beträchtlichen Teil des Mittelstandes geteilt. Nahezu jeder, der es sich leisten kann, etabliert sich als Landedelmann oder macht in dieser Richtung mindestens einige Anstrengungen. Das Herrenhaus mit seinem Park und seinen von Mauern eingefaßten Gärten findet sich in bescheidener Form im Wochenendhaus des Börsenmaklers wieder, in der Vorstadtvilla mit ihrem Rasen und ihren bepflanzten Rabatten, vielleicht sogar in der eingetopften Brunnenkresse auf der Fensterbank der Wohnungen in Bayswater. Dieses weitverbreitete Phantasiegebilde ist zweifellos versnobt; es hat dazu beigetragen, die Klassenunterschiede zu festigen und die Modernisierung der englischen Landwirtschaft zu verhindern: aber es ist doch mit einer Art von Idealismus gemischt, einem Gefühl, daß Stil und Tradition wichtiger sind als Geld.

Innerhalb des Mittelstandes gibt es eine scharfe Trennung — kultureller, nicht finanzieller Art — zwischen denen, die auf vornehme Repräsentation Wert legen und denen, die das nicht tun. Nach der üblichen Einteilung kann alles zwischen dem Kapitalisten und dem Wochenlohnempfänger als *Petite Bourgeoisie,* als Kleinbürgertum in einen Topf geworfen werden. Danach gehören der Arzt aus der Harley Street, der Armeeoffizier, der Kolonialwarenhändler, der Bauer, der höhere Beamte, der Rechtsanwalt, der Geistliche, der Lehrer, der Bankdirektor, der Bauspekulant und der Fischer, der sein eigenes Boot hat, zur selben Klasse. Aber niemand in England hat das Empfinden, daß sie zur selben Klasse gehören, und der Unterschied zwischen ihnen ist nicht ein Unterschied im Einkommen, sondern im Akzent, im Be-

extent, outlook. Anyone who pays any attention to class differences at all would regard an army officer with £ 1,000 a year as socially superior to a shop-keeper with £ 2,000 a year. Even within the upper class a similar distinction holds good, the titled person being almost always more deferred to than an untitled person of larger income. Middle-class people are really graded according to their degree of resemblance to the aristocracy: professional men, senior officials, officers in the fighting services, university lecturers, clergymen, even the literary and scientific intelligentsia, rank higher than business men, though on the whole they earn less. It is a peculiarity of this class that their largest item of expenditure is education.

Whereas a successful tradesman will send his son to the local grammar school, a clergyman with half his income will under-feed himself for years in order to send his son to a public school, although he knows that he will get no direct return for the money he spends.

There is, however, another noticeable division in the middle class. The old distinction was between the man who is "a gentleman" and the man who is "not a gentleman". In the last thirty years, how-ever, the demands of modern industry, and the tech-nical schools and provincial universities, have brought into being a new kind of man, middle class in income and to some extent in habits, but not much interested in his own social status. People like

nehmen und, bis zu einem gewissen Grade, in der Geisteshaltung. Jeder, der überhaupt auf Klassenunterschiede achtet, wird einen Armeeoffizier mit 1000 Pfund im Jahr als sozial höherstehend betrachten als einen Ladenbesitzer mit 2000 Pfund im Jahr. Sogar innerhalb der Oberschicht findet eine ähnliche Unterscheidung statt: jemand, der einen Titel hat, wird fast immer mehr geachtet als jemand mit höherem Einkommen ohne Titel. Die Menschen der Mittelklasse werden wiederum danach eingestuft, in welchem Maße sie der Aristokratie ähnlich sind: Geistesarbeiter, höhere Beamte, Offiziere aller Streitkräfte, Universitätsdozenten, Geistliche und sogar die literarische und wissenschaftliche Intelligenz nehmen einen höheren Rang ein als Geschäftsleute, obwohl sie im Ganzen weniger verdienen. Es ist eine Eigentümlichkeit dieser Klasse, daß ihr größter Ausgabeposten auf die Ausbildung fällt. Während ein erfolgreicher Geschäftsmann seinen Sohn auf die örtliche Höhere Schule schicken wird, wird der Geistliche mit halb so großem Einkommen jahrelang hungern, um seinen Sohn auf ein großes Internat schicken zu können, obwohl er weiß, daß er für das ausgegebene Geld kein unmittelbares Äquivalent bekommt.

Es gibt jedoch noch eine weitere bemerkenswerte Grenze innerhalb des Mittelstandes. Früher unterschied man zwischen dem Mann, der ein „Gentleman" ist und dem, der „kein Gentleman" ist. In den letzten dreißig Jahren haben nun aber die Anforderungen der modernen Industrie, die Technischen Hochschulen und die kleineren Universitäten einen neuen Menschenschlag entstehen lassen, der seinem Einkommen und bis zu einem gewissen Grade auch seinen Gewohnheiten nach zum Mittelstand gehört, aber nicht sonderlich an seinem sozialen Rang interessiert ist. Leute

radio engineers and industrial chemists, whose education has not been of a kind to give them any reverence for the past, and who tend to live in blocks of flats or housing-estates where the old social pattern has broken down, are the most nearly classless beings that England possesses. They are an important section of society, because their numbers are constantly growing. The war, for instance, made necessary the formation of an enormous air force, and so you got thousands of young men of working-class origin graduating into the technical middle class by way of the R. A. F. Any serious reorganisation of industry now will have similar effects. And the characteristic outlook of the technicians is already spreading among the older strata of the middle class. One symptom of this is that intermarriage within the middle class is freer than it used to be. Another is the increasing unwillingness of people below the £ 2,000 a year level to bankrupt themselves in the name of education.

Another series of changes, probably dating from the Education Bill of 1871, is occurring in the working class. One cannot altogether acquit the English working class either of snobbishness or of servility. To begin with there is a fairly sharp distinction between the better-paid working class and the very poor. Even in socialist literature it is common to find contemptuous references to slum-dwellers (the German word *lumpenproletariat* is much used), and imported labourers with low standards

wie Rundfunkingenieure und Industriechemiker, deren Erziehung nicht von einer Art ist, daß sie ihnen Respekt vor der Vergangenheit beibrächte, und die gerne in Etagenhäusern oder Siedlungen wohnen, wo die alten gesellschaftlichen Vorbilder ihre Gültigkeit verloren haben, kommen von allen Engländern der Klassenlosigkeit am nächsten. Sie bilden einen wichtigen Teil der Gesellschaft, weil ihre Zahl ständig zunimmt. So hat zum Beispiel der Krieg die Aufstellung einer riesigen Luftwaffe erfordert, und tausende von jungen Leuten, die aus der Arbeiterklasse stammten, fanden auf dem Wege über die Royal Air Force Zugang zum technischen Mittelstand. Jede tiefergehende Umgestaltung der Industrie wird jetzt eine ähnliche Wirkung haben. Und die charakteristische Geisteshaltung der Techniker breitet sich bereits unter den älteren Schichten des Mittelstandes aus. Ein Symptom dafür ist die Tatsache, daß das Heiraten zwischen den verschiedenen Teilen der Mittelklasse jetzt leichter ist, als das früher der Fall zu sein pflegte. Ein weiteres Symptom ist der Umstand, daß die Leute, deren Einkommen unterhalb der Grenze von 2000 Pfund im Jahr liegt, immer weniger bereit sind, sich für die Erziehung ihrer Kinder zu ruinieren.

Eine andere Reihe von Veränderungen, die sich wahrscheinlich von dem Erziehungsgesetz von 1871 herschreibt, spielt sich in der Arbeiterklasse ab. Man kann die englische Arbeiterklasse weder von Versnobtheit noch von Servilität ganz freisprechen. Da ist einmal die ziemlich scharfe Trennung zwischen der besser bezahlten Arbeiterschaft und den ganz Armen. Sogar in der sozialistischen Literatur findet man häufig verächtliche Bemerkungen über die Bewohner der Slums (oft wird das deutsche Wort *Lumpenproletariat*

of living, such as the Irish, are greatly looked down on. There is also, probably, more disposition to accept class distinctions as permanent, and even to accept the upper classes as natural leaders, than survives in most countries. It is significant that in the moment of disaster the man best able to unite the nation was Churchill, a Conservative of aristocratic origins. The word "Sir" is much used in England, and the man of obviously upper-class appearance can usually get more than his fair share of deference from commissionaires, ticket-collectors, policemen, and the like. It is this aspect of English life that seems most shocking to visitors from America and the Dominions. And the tendency towards servility probably did not decrease in the twenty years between the two wars: it may even have increased owing chiefly to unemployment .

But snobbishness is never quite separable from idealism. The tendency to give the upper classes more than their due is mixed up with a respect for good manners and something vaguely describable as culture. In the South of England, at any rate, it is unquestionable that most working-class people want to resemble the upper classes in manners and habits. The traditional attitude of looking down on the upper classes as effeminate and "la-di-dah" survives best in the heavy-industry areas. Hostile nicknames like "toff" and "swell" have almost disappeared, and even the *Daily Worker* displays advertisements for "High-class Gentleman's Tailor."

gebraucht), und auf Fremdarbeiter mit niedrigem Lebensstandard wie die Iren wird sehr von oben herabgesehen. Andererseits ist wahrscheinlich die Bereitschaft, Klassenunterschiede als dauernd und sogar die oberen Klassen als die natürlichen Führer hinzunehmen, größer als in den meisten anderen Ländern. Es ist bezeichnend, daß im Augenblick der Katastrophe Churchill, ein Konservativer aristokratischer Herkunft, am besten geeignet war, die Nation zusammenzuschweißen. Das Wort „Sir" wird in England viel gebraucht, und einem Menschen, der unverkennbar nach „Oberklasse" aussieht, wird von Dienstmännern, Schaffnern, Polizisten usw. gewöhnlich mehr Ehrerbietung erwiesen, als ihm gerechterweise zusteht. Dieser Aspekt des englischen Lebens scheint die Besucher aus Amerika und den Dominions am meisten abzustoßen. Und die Tendenz zur Servilität hat in den zwanzig Jahren zwischen den beiden Kriegen wahrscheinlich nicht abgenommen, sie mag vor allem infolge der Arbeitslosigkeit sogar zugenommen haben.

Aber Versnobtheit ist von Idealismus nie ganz zu trennen. Zu der Neigung, den oberen Klassen mehr zu geben, als ihnen gebührt, gehört ein Respekt vor guten Manieren und vor etwas, das man ganz allgemein als Kultur bezeichnen kann. Es ist jedenfalls unfraglich, daß im Süden Englands die meisten Arbeiter in Benehmen und Haltung den oberen Klassen ähnlich sein möchten. Die traditionelle Angewohnheit, auf die oberen Klassen als verweichlicht und „hochgestochen" herabzusehen, hat sich am ehesten noch in den Industriegebieten erhalten. Feindselige Spitznamen wie „Zierbengel" oder „Angeber" sind fast ganz verschwunden, und sogar der *Daily Worker* bringt Anzeigen für „Erst-

Above all, throughout southern England there is almost general uneasiness about the Cockney accent. In Scotland and northern England snobbishness about the local accents does exist, but it is not nearly so strong or widespread. Many a Yorkshireman definitely prides himself on his broad U's and narrow A's, and will defend them on linguistic grounds. In London there are still people who say "fice" instead "face," but there is probably no one who regards "fice" as superior. Even a person who claims to despise the *bourgeoisie* and all its ways will still take care that his children grow up pronouncing their aitches.

But side by side with this there has gone a considerable growth of political consciousness and an increasing impatience with class privilege. Over a period of twenty or thirty years the working class has grown politically more hostile to the upper class, culturally less hostile. There is nothing incongruous in this: both tendencies are symptoms of the levelling of manners which results from machine civilisation and which makes the English class system more and more of an anachronism.

The obvious class differences still surviving in England astonish foreign observers, but they are far less marked, and far less real, than they were thirty years ago. People of different social origins, thrown together during the war in the armed forces, or in factories or offices, or as firewatchers and Home Guards, were able to mingle more easily than they did in the 1914—18 war. It is

klassige Herrenschneider". Vor allem aber gibt es in ganz Südengland ein fast allgemeines Unbehagen gegenüber dem Cockney-Akzent. In Schottland und Nordengland existiert allerdings ein hochmütiger Stolz auf die einheimische Aussprache, aber er ist nicht annähernd so stark und so weit verbreitet. Manch einer aus Yorkshire ist ausgesprochen stolz auf seine breiten *U*s und gequetschten *A*s und wird sie mit linguistischen Argumenten verteidigen. In London dagegen gibt es zwar immer noch Leute, die *fice* statt *face* sagen, aber es gibt wahrscheinlich niemanden, der *fice* für besser hält. Selbst ein Mensch, der vorgibt, die *Bourgeoisie* und ihren Lebensstil zu verachten, wird immer noch dafür sorgen, daß seine Kinder ihre *H*s aussprechen.

Doch Hand in Hand damit haben sich das politische Bewußtsein und eine wachsende Ungeduld gegenüber den Klassenprivilegien sehr stark entwickelt. In einem Zeitraum von zwanzig oder dreißig Jahren ist die Arbeiterklasse gegenüber der Oberschicht in politischer Hinsicht feindlicher und in kultureller freundlicher geworden. Darin liegt kein Widerspruch: beide Tendenzen sind Symptome der Nivellierung im Lebensstil, die aus der industriellen Zivilisation resultiert und das englische Klassensystem mehr und mehr zu einem Anachronismus macht.

Die offensichtlichen Klassenunterschiede, die sich in England noch immer erhalten, setzen fremde Beobachter in Erstaunen, aber sie sind weniger betont und auch wirklich geringer geworden als vor dreißig Jahren. Menschen verschiedener sozialer Herkunft, die während des Krieges in den Streitkräften, in Fabriken und Büros, als Luftschutzwarte oder in der Home Guard zusammengeworfen wurden, haben leichter zueinander gefunden als im Kriege von 1914—18.

worth listing the various influences which — mechanically, as it were — tend to make Englishmen of all classes less and less different from one another.

First of all, the improvement in industrial technique. Every year less and less people are engaged in heavy manual labour which keeps them constantly tired and, by hypertrophying certain muscles, gives them a distinctive carriage. Secondly, improvements in housing. Between the two wars rehousing was done mostly by the local authorities, who have produced a type of house (the council house, with its bathroom, garden, separate kitchen, and indoor w.c.) which is nearer to the stockbroker's villa than it is to the labourer's cottage. Thirdly, the mass production of furniture which can be bought on the hire-purchase system. The effect of this is that the interior of a working-class house resembles that of a middle-class house very much more than it did a generation ago. Fourthly, and perhaps most important of all, the mass production of cheap clothes. Thirty years ago the social status of nearly everyone in England could be determined from his appearance, even at two hundred yards' distance. The working classes all wore ready-made clothes, and the ready-made clothes were not only ill-fitting but usually followed the upper-class fashions of ten or fifteen years earlier. The cloth cap was practically a badge of status. It was universal among the working class, while the upper classes only wore it for golf and

Es ist gut, einmal die verschiedenen Einflüsse aufzuzählen, die — sozusagen automatisch — dazu neigen, die Engländer aller Klassen mehr und mehr einander anzugleichen.

Da ist zunächst die Vervollkommnung der industriellen Technik: jedes Jahr gibt es weniger und weniger Menschen, die mit schwerer körperlicher Arbeit beschäftigt sind, von der sie ständig in Müdigkeit gehalten werden, und die ihnen durch die übermäßige Ausbildung gewisser Muskeln eine ganz bestimmte Körperhaltung verleiht. Zweitens die Fortschritte im Wohnungsbau: zwischen den Weltkriegen wurde der Wohnungsbau vornehmlich von den örtlichen Behörden betrieben, die einen Haustyp herausgebracht haben (das *council house* mit Badezimmer, Garten, separater Küche und W. C im Hause), der einer Maklervilla ähnlicher ist als einem Arbeiterhäuschen. Drittens die Massenproduktion von Möbeln, die nach dem System der Ratenzahlung gekauft werden können: der Erfolg ist, daß das Innere eines Arbeiterhauses sehr viel mehr als noch vor einer Generation dem eines Mittelstandshauses ähnelt. Viertens, und vielleicht am wichtigsten von allem, die Massenproduktion billiger Kleidung: vor dreißig Jahren konnte in England der soziale Stand nahezu jedes Menschen schon auf zweihundert Meter aus seiner äußeren Erscheinung geschlossen werden. Die ganze Arbeiterschaft trug ausschließlich Konfektionskleidung, und diese Konfektionskleidung saß nicht nur schlecht, sondern richtete sich gewöhnlich nach der Mode, die zehn oder fünfzehn Jahre früher von der oberen Klasse getragen worden war. Die Tuchmütze war sozusagen ein Standesabzeichen. Sie war bei der arbeitenden Klasse allgemein verbreitet, während die oberen Klassen sie nur zum Golf oder zur Jagd trugen. Dieser Stand der Dinge ist in

shooting. This state of affairs is rapidly changing. Ready-made clothes now follow the fashions closely, they are made in many different fittings to suit every kind of figure, and even when they are of very cheap cloth they are superficially not very different from expensive clothes. The result it that it grows harder every year, especially in the case of women, to determine social status at a glance.

Mass-produced literature and amusements have the same effect. Radio programmes, for instance, are necessarily the same for everybody. Films, though often extremely reactionary in their implied outlook, have to appeal to a public of millions and therefore have to avoid stirring up class antagonisms. So also with some of the big-circulation newspapers. The *Daily Express*, for instance, draws its readers from all strata of the population. So also with some of the periodicals that have appeared in the past dozen years. *Punch* is obviously a middle- and upper-class paper, but *Illustrated* is not aimed at any particular class. And lending libraries and very cheap books, such as the *Penguins*, popularise the habit of reading and probably have a levelling effect on literary taste. Even taste in food tends to grow more uniform owing to the multiplication of cheap but fairly smart restaurants such as those of Messrs. Lyons.

We are not justified in assuming that class distinctions are actually disappearing. The essential structure of England is still almost what it was in the nineteenth century. But real differences be-

schneller Änderung begriffen. Die Konfektionskleidung folgt jetzt der Mode ohne Abstand. Sie wird in vielen verschiedenen Größen hergestellt, so daß sie zu jeder Figur paßt, und selbst wenn sie aus sehr billigem Stoff ist, unterscheidet sie sich doch auf den ersten Blick nicht von sehr teurer Kleidung. Deshalb wird es vor allem bei den Frauen mit jedem Jahr schwerer, auf den ersten Blick den sozialen Stand zu erkennen.

Die Massenproduktion auf dem Gebiete der Literatur und der Unterhaltung hat dieselbe Wirkung. Das Radioprogramm zum Beispiel ist notwendigerweise für alle dasselbe. Wenn die Filme auch oft von außerordentlich reaktionären Anschauungen bestimmt sind, sollen sie doch ein Millionenpublikum ansprechen und müssen es daher vermeiden, Klassengegensätze aufzurühren. Dasselbe gilt auch von einigen Tageszeitungen mit großen Auflagen: Der *Daily Express* zum Beispiel findet seine Leser in allen Schichten der Bevölkerung, ebenso einige Zeitschriften, die während der letzten zwölf Jahre erschienen sind. Der *Punch* ist ganz offensichtlich ein Blatt der mittleren und oberen Schichten, *Illustrated* dagegen wendet sich nicht an eine besondere Schicht. Leihbüchereien und sehr billige Bücher wie die *Penguin Books* machen das Lesen zur Gewohnheit und nivellieren wohl auch den literarischen Geschmack. Dank der immer zahlreicheren billigen, aber sehr netten Restaurants, wie die von der Firma Lyons, neigt sogar der Geschmack in Essen und Trinken dazu, gleichartiger zu werden.

Wir haben nicht das Recht, anzunehmen, daß die Klassenunterschiede wirklich im Verschwinden sind. Die Gesellschaftsstruktur Englands ist im wesentlichen noch fast die gleiche, die im neunzehnten Jahrhundert bestand. Doch die

tween man and man are obviously diminishing, and this fact is grasped and even welcomed by people who only a few years ago were clinging desperately to their social prestige.

Whatever may be the ultimate fate of the very rich, the tendency of the working class and the middle class is evidently to merge. It may happen quickly or slowly, according to circumstances. The final effects of this we cannot foresee. There are observers, both native and foreign, who believe that the fairly large amount of individual freedom that is enjoyed in England depends on having a well-defined class system. Liberty, according to some, is incompatible with equality. But at least it is certain that the present drift *is* towards greater social equality, and that that is what the great mass of the English people desire.

echten Unterschiede zwischen Mensch und Mensch nehmen offensichtlich ab, und diese Tatsache wird von Menschen erkannt und sogar begrüßt, die sich noch vor wenigen Jahren verzweifelt an ihr soziales Prestige klammerten.

Was immer das endgültige Schicksal der Reichen sein mag: Arbeiter- und Mittelklasse sind offenbar dabei, miteinander zu verschmelzen. Das mag je nach den Umständen schnell oder langsam gehen. Das endgültige Resultat können wir nicht voraussehen. Es gibt Beobachter, einheimische und fremde, die glauben, daß das ziemlich beträchtliche Maß an individueller Freiheit, dessen sich England erfreut, von dem Vorhandensein eines klar umrissenen Klassensystems abhängt. Es gibt Leute, die glauben, daß Freiheit und Gleichheit unvereinbar seien. Es kann aber kein Zweifel daran sein, *daß* die gegenwärtige Entwicklung auf eine größere soziale Gleichheit zustrebt, und daß die große Masse des englischen Volkes dies wünscht.

The English language

The English language has two outstanding characteristics to which most of its minor oddities can be finally traced. These characteristics are a very large vocabulary and simplicity of grammar.

If it is not the largest in the world, the English vocabulary is certainly among the largest. English is really two languages, Anglo-Saxon and Norman-French, and during the last three centuries it has been reinforced on an enormous scale by new words deliberately created from Latin and Greek roots.

But in addition the vocabulary is made much larger than it appears by the practice of turning one part of speech into another. For example, almost any noun can be used as a verb: this in effect gives an extra range of verbs, so that you have *knife* as well as *stab*, *school* as well as *teach*, *fire* as well as *burn*, and so on.

Then again, certain verbs can be given as many as twenty different meanings simply by adding prepositions to them. (Examples are *get out of*, *get up*, *give out*, *take over*.) Verbs can also change into nouns with considerable freedom, and by the use of affixes such as *-y*, *-ful*, *-like*, any noun can be turned into an

Die englische Sprache

Die englische Sprache hat zwei auffallende Eigenheiten, auf welche die meisten ihrer kleinen Absonderlichkeiten letzten Endes zurückgeführt werden können. Diese Eigenheiten sind ein sehr großer Wortschatz und eine einfache Grammatik.

Wenn der englische Wortschatz nicht überhaupt der größte auf der Welt ist, so gehört er doch sicherlich zu den größten. Englisch besteht in Wirklichkeit aus zwei Sprachen, dem Angelsächsischen und dem Normannisch-Französischen, und in den letzten drei Jahrhunderten ist es in einem sehr großen Ausmaß durch neue Wörter, die man künstlich aus lateinischen und griechischen Stämmen gebildet hat, bereichert worden. Außerdem aber wird der Wortschatz noch viel umfangreicher als er aussieht durch die Gewohnheit, eine Wortart in eine andere zu verwandeln. Fast jedes Substantiv kann zum Beispiel als Verb gebraucht werden: das ergibt eine neue Serie von Verben, so daß für „erstechen" *to knife* („messern") und *to stab*, für „lehren" *to school* („schulen") und *to teach*, für „brennen" *to fire* („feuern") und *to burn* stehen kann, und so weiter. Ferner kann man gewissen Wörtern einfach durch Hinzufügen von Präpositionen bis zu zwanzig verschiedene Bedeutungen geben: Beispiele sind *to get out of* (herauskommen), *to get up* (aufstehen), *to give out* (ausgeben), *to take over* (übernehmen). Die Verben wiederum können mit großer Freizügigkeit zu Substantiven gemacht werden, und durch ein Affix wie *-y, -ful, -like* kann jedes Substantiv in ein Adjektiv verwandelt werden.

adjective. More freely than in most languages, verbs and adjectives can be turned into their opposites by means of the prefix *un-*. And adjectives can be made more emphatic or given a new twist by tying a noun to them: for example: *lily-white, sky-blue, coal-black, iron-hard,* etc.

But English is also, and to an unnecessary extent, a borrowing language. It readily takes over any foreign word that seems to fill a need, often altering the meaning in doing so. A recent example is the word *blitz*. As a verb this word did not appear in print till late in 1940, but it has already become part of the language. Other examples from the vast armoury of borrowed words are *garage, charabanc, alias, alibi, steppe, role, menu, lasso, rendezvous, chemise*. It will be noticed that in most cases an English equivalent exists already, so that borrowing adds to the already large stock of synonyms.

English grammar is simple. The language is almost completely uninflected, a peculiarity which marks it off from almost all languages west of China. Any regular English verb has only three inflections, the third person singular, the present participle, and the past participle. Thus, for instance, the verb *to kill* consists of *kill, kills, killing, killed,* and that is all. There is, of course, a great wealth of tenses, very much subtilised in meaning, but these are made by the use of auxiliaries which themselves barely inflect. *May, might, shall, will, should, would* do not inflect at all, except in the obso-

Leichter als in den meisten Sprachen kann der Sinn von Verben und Adjektiven durch das Präfix un- ins Gegenteil gewendet werden. Und Adjektiven kann man mehr Nachdruck oder eine andere Nuance geben, indem man ihnen ein Hauptwort zufügt: z. B. *lily-white* (lilienweiß), *sky-blue* (himmelblau), *coal-black* (kohlschwarz), *iron-hard* (eisenhart) usw.

Aber das Englische ist auch, und zwar in unnötigem Maße, eine entlehnende Sprache. Es übernimmt bereitwillig ein fremdes Wort, das ein Bedürfnis zu stillen scheint, und gibt ihm dabei oft eine andere Bedeutung. Ein ganz frisches Beispiel ist das Wort *blitz* (Bombenangriff). Gedruckt tritt dieses Wort als Verb *(to blitz)* erst 1940 auf, aber es ist schon ein Teil unserer Sprache geworden. Andere Beispiele aus dem großen Arsenal der Lehnwörter sind *garage, charabanc* (Aussichtswagen), *alias, alibi, steppe, role* (Rolle), *menu, lasso, rendezvous, chemise* (Damenhemd). Man sieht: in den meisten Fällen gibt es schon ein entsprechendes englisches Wort, so daß das Lehnwort zu dem bereits großen Vorrat an Synonymen hinzutritt.

Die englische Grammatik ist einfach. Die englische Sprache ist fast ganz flexionslos, eine Eigentümlichkeit, die sie von fast allen Sprachen westlich von China unterscheidet. Jedes regelmäßige englische Verb hat nur drei Beugungsformen: Dritte Person Singular, Präsenspartizip, Perfektpartizip. So besteht z. B. das Verb *to kill* (töten) aus *kill, kills, killing* und *killed* — das ist alles. Es gibt natürlich einen großen Reichtum an Zeiten, deren Bedeutungen sehr fein nuanciert sind, aber sie werden mit Hilfsverben gebildet, die selber kaum gebeugt werden. *May, might, shall, will, should, would* werden überhaupt nicht gebeugt, außer in der ver-

lete second person singular. The upshot is that every person in every tense of such a verb as *to kill* can be expressed in only about thirty words including the pronouns, or about forty if one includes the second person singular. The corresponding number in, for instance, French would be somewhere near two hundred. And in English there is the added advantage that the auxiliaries which are used to make the tenses are the same in every case.

There is no such thing in English as declension of nouns, and there is no gender. Nor are there many irregular plurals or comparatives. Moreover, the tendency is always towards greater simplicity, both in grammar and syntax. Long sentences with dependent clauses grow more and more unpopular, irregular but time-saving formations such as the "American subjunctive" (*it is necessary that you go* instead of *it is necessary that you should go*) gain ground, and difficult rules, such as the difference between *shall* and *will*, or *that* and *which*, are more and more ignored. If it continues to develop along its present lines English will ultimately have more in common with the uninflected languages of East Asia than with the languages of Europe.

The greatest quality of English is its enormous range not only of meaning but of *tone*. It is capable of endless subtleties, and of everything from the most high-flown rhetoric to the most brutal coarseness. On the other hand, its lack of grammar makes it easily compressible. It is the language of lyric poetry, and also of headlines. On its lower

alteten Zweiten Person Singular. Deshalb kann ein Verb wie *to kill* jede Person und Zeit mit nur etwa dreißig Wörtern (einschließlich der Pronomen) bilden, oder mit etwa vierzig, wenn man die Zweite Person Singular mitzählt. Die entsprechende Zahl läge z. B. im Französischen bei etwa zweihundert. Und im Englischen gibt es den weiteren Vorteil, daß die Hilfsverben, mit denen die Zeiten gebildet werden, in jedem Fall dieselben sind.

So etwas wie eine Deklination von Substantiven gibt es im Englischen nicht, ebenso gibt es kein Geschlecht. Auch kommen wenige unregelmäßige Pluralbildungen oder Komparative vor. Aber vor allem geht das Bestreben auf immer größere Einfachheit sowohl in der Grammatik als auch in der Syntax. Lange Sätze mit abhängigen Nebensätzen werden immer unbeliebter; regelwidrige, aber zeitsparende Bildungen wie der „amerikanische Konjunktiv" *(it is necessary that you go* statt *it is necessary that you should go* für „du mußt gehen") greifen immer mehr um sich, und schwierige Regeln wie die Unterscheidung von *shall* und *will* oder *that* und *which* werden immer häufiger außer acht gelassen. Wenn sich die englische Sprache so weiterentwickelt wie im Augenblick, wird sie zuletzt mit den flexionslosen Sprachen Ostasiens mehr Ähnlichkeit haben als mit den europäischen.

Die wertvollste Eigenschaft der englischen Sprache besteht in ihrer gewaltigen Reichweite nicht nur in den Wortbedeutungen, sondern auch in der Betonung. Sie kann unendliche Feinheiten ausdrücken von hochtrabender Rhetorik bis zu brutalster Gemeinheit. Andererseits macht die einfache Grammatik es leicht, mit wenigem viel zu sagen. Sie ist deshalb die Sprache der lyrischen Poesie und der Schlagzeilen. Bei bescheidenen Ansprüchen ist sie trotz ih-

levels it is very easy to learn, in spite of its irrational spelling. It can also for international purposes be reduced to very simple pidgin dialects, ranging from Basic to the "Bêche-de-mer" English used in the South Pacific. It is therefore well suited to be a world lingua franca, and it has in fact spread more widely than any other language.

But there are also great disadvantages, or at least great dangers, in speaking English as one's native tongue. To begin with, as was pointed out earlier in this book, the English are very poor linguists. Their own language is grammatically so simple that unless they have gone through the discipline of learning a foreign language in childhood, they are often quite unable to grasp what is meant by gender, person, and case. A completely illiterate Indian will pick up English far faster than a British engineer will pick up Hindustani. Nearly five million Indians are literate in English and millions more speak it in a debased form. There are some tens of thousands of Indians who speak English as nearly as possible perfectly; yet the number of Englishmen speaking any Indian language perfectly would not amount to more than a few scores. But the great weakness of English is its capacity for debasement. Just because it is so easy to use, it is easy to use *badly*.

To write or even to speak English is not a science but an art. There are no reliable rules: there is only the general principle that concrete words are better than abstract ones, and that the shortest way of

rer unvernünftigen Orthographie sehr leicht zu erlernen. Für internationale Zwecke kann sie auf sehr einfache Pidgin-Sprachen reduziert werden, die vom *Basic English* bis zu dem im südlichen Pazifik gebrauchten „*Bêche de mer*"-Englisch reichen. Sie eignet sich daher gut dazu, als Weltverkehrssprache zu dienen, und sie ist in der Tat schon weiter verbreitet als irgendeine andere Sprache.

Aber demjenigen, für den Englisch Muttersprache ist, bringt sie auch große Nachteile oder jedenfalls große Gefahren. Vor allem sind die Engländer, wie wir schon sagten, sehr bescheidene Linguisten. Ihre eigene Sprache ist grammatikalisch so einfach, daß sie, wenn sie nicht in ihrer Kindheit die Schulung eines fremdsprachlichen Studiums durchgemacht haben, oft gar nicht begreifen können, was mit den Worten Geschlecht, Person und Fall gemeint ist. Ein völlig analphabetischer Inder wird sehr viel schneller etwas Englisch aufschnappen als ein britischer Ingenieur Hindustanisch. Fast fünf Millionen Inder beherrschen Englisch in Wort und Schrift, und weitere Millionen sprechen es in einer korrumpierten Form. Es gibt einige zehntausend Inder, die so perfekt Englisch können, wie es überhaupt möglich ist; die Zahl der Engländer dagegen, die irgendeine indische Sprache ganz beherrschen, dürfte nicht mehr als ein paar Dutzend betragen. Die große Schwäche des Englischen aber ist seine Fähigkeit, sich verstümmeln zu lassen. Gerade weil es so leicht zu gebrauchen ist, ist es auch so leicht, es *falsch* zu gebrauchen.

Englisch zu schreiben oder zu sprechen ist keine Wissenschaft, sondern eine Kunst. Es gibt keine zuverlässigen Regeln: es gibt nur das allgemeine Prinzip, daß konkrete Worte besser sind als abstrakte, und daß die kürzeste Art

saying anything is always the best. Mere correctness is no guarantee whatever of good writing. A sentence like "an enjoyable time was had by all present" is perfectly correct English, and so is the unintelligible mess of words on an income-tax return.

Whoever writes English is involved in a struggle that never lets up even for a sentence. He is struggling against vagueness, against obscurity, against the lure of the decorative adjective, against the encroachment of Latin and Greek, and above all, against the worn-out phrases and dead metaphors with which the language is cluttered up. In speaking, these dangers are more easily avoided, but spoken English differs from written English more sharply than is the case in most languages. In the spoken tongue every word that can be omitted is omitted, every possible abbreviation is used. Meaning is conveyed quite largely by emphasis, though curiously enough the English do not gesticulate, as one might reasonably expect them to do. A sentence like *No, I don't mean that one, I mean that one* is perfectly intelligible when spoken aloud, even without a gesture. But spoken English, when it tries to be dignified and logical, usually takes on the vices of written English, as you can see by spending half an hour either in the House of Commons or at the Marble Arch.

English is peculiarly subject to jargons. Doctors, scientists, business men, officials, sportsmen, economists, and political theorists all have their charac-

der Aussage immer die beste ist. Bloße Korrektheit bietet keinerlei Gewähr für einen guten Stil. Ein Satz wie *an enjoyable time was had by all present* („eine angenehme Zeit wurde von allen Anwesenden verbracht") ist völlig korrektes Englisch, ebenso wie das unverständliche Wortgestrüpp auf einer Einkommensteuererklärung. Jeder, der Englisch schreibt, befindet sich in einem Kampf, der niemals aufhört, nicht für einen einzigen Satz. Er kämpft gegen Verschwommenheit, Dunkelheit, die Verlockung schmückender Adjektive, das Überhandnehmen von Latein und Griechisch und vor allem gegen die abgegriffenen Phrasen und toten Metaphern, mit denen die Sprache gespickt ist. Beim Sprechen lassen sich diese Gefahren leichter vermeiden, aber im Englischen unterscheidet sich das gesprochene Wort vom geschriebenen sehr viel stärker als in den meisten anderen Sprachen. In der gesprochenen Sprache wird jedes Wort, das ausgelassen werden kann, ausgelassen, jede nur mögliche Kürzung ausgenutzt. Der Sinn wird weitgehend durch die Betonung ausgedrückt, obwohl der Engländer seltsamerweise nicht gestikuliert, wie man es eigentlich annehmen könnte. Ein Satz wie *No, I don't mean that one, I mean that one* („Nein, ich meine nicht den, ich meine den") ist völlig verständlich, wenn er laut gesprochen wird, sogar ohne Geste. Wenn aber gesprochenes Englisch versucht, würdig und logisch zu werden, nimmt es gewöhnlich die Laster des geschriebenen Englisch an, wie man es erlebt, wenn man eine halbe Stunde im Unterhaus oder beim Marble Arch am Hyde Park verbringt.

Das Englische ist besonders für Jargons anfällig. Ärzte, Wissenschaftler, Kaufleute, Beamte, Sportsleute, Volkswirtschaftler und politische Theoretiker haben alle ihre charak-

teristic perversion of the language, which can be studied in the appropriate magazines from the *Lancet* to the *Labour Monthly*. But probably the deadliest enemy of good English is what is called "standard English." This dreary dialect, the language of leading articles, White Papers, political speeches, and B. B. C. news bulletins, is undoubtedly spreading: it is spreading downwards in the social scale, and outwards into the spoken language. Its characteristic is its reliance on ready-made phrases — *in due course, take the earliest opportunity, warm appreciation, deepest regret, explore every avenue, ring the changes, take up the cudgels, legitimate assumption, the answer is in the affirmative,* etc. etc. — which may once have been fresh and vivid, but have now become mere thought-saving devices, having the same relation to living English as a crutch has to a leg. Anyone preparing a broadcast or writing a letter to *The Times* adopts this kind of language almost instinctively, and it infects the spoken tongue as well. So much has our language been weakened that the imbecile chatter in Swift's essay on *Polite Conversation* (a satire on the upper-class talk of Swift's own day) would actually be rather a good conversation by modern standards.

This temporary decadence of the English language is due, like so much else, to our anachronistic class system. "Educated" English has grown anaemic because for long past it has not been reinvigorated from below. The people likeliest to use simple

teristischen Sprachverhunzungen, die in den entsprechenden Fachblättern von *Lancet* bis *Labour Monthly* nachgelesen werden können. Aber wahrscheinlich ist der tödlichste Feind eines guten Englisch das, was man „Standardenglisch" nennt. Diese traurige Redeweise, die Sprache der Leitartikel, Weißbücher, politischen Ansprachen und BBC-Nachrichten, ist zweifellos dabei, sich auszubreiten: sie dringt hinab in die unteren sozialen Schichten und hinaus in die gesprochene Sprache. Charakteristisch für sie ist ihr Vertrauen auf fertiggelieferte Redewendungen: „zu gegebener Zeit", „ich ergreife die erste Gelegenheit", „wärmste Anerkennung", „tiefstes Bedauern", „jede Möglichkeit benutzen", „noch einmal auf etwas zurückkommen", „für eine Sache eintreten", „in der berechtigten Annahme", „man kann das nur bejahen" usw. usw. — das mag einmal frisch und lebendig geklungen haben, ist aber jetzt zu einem bloßen gedankensparenden Füllsel geworden, das sich zum lebendigen Englisch verhält wie die Krücke zum Bein. Jeder, der einen Rundfunkvortrag vorbereitet oder einen Brief an die *Times* schreibt, bedient sich dieser Art Sprache fast instinktiv, und auch die gesprochene Sprache wird davon angesteckt. So sehr ist unsere Sprache aufgeweicht worden, daß das blödsinnige Geschnatter in Swifts Essay über „Höfliche Gespräche" (eine Satire auf die Sprache der oberen Klassen zu Swifts Zeiten) nach modernen Maßstäben ein ganz vernünftiges Gespräch abgeben würde.

Schuld an der augenblicklichen Dekadenz der englischen Sprache ist, wie an vielem anderen, unser anachronistisches Klassensystem. Das „gebildete" Englisch ist blutarm geworden, weil es seit langem nicht mehr von unten her aufgefrischt worden ist. Diejenigen, die am ehesten eine an-

concrete language, and to think of metaphors that really call up a visual image, are those who are in contact with physical reality. A useful word like *bottleneck*, for instance, would be most likely to occur to someone used to dealing with conveyor belts, and the vitality of English depends on a steady supply of images of this kind. It follows that language, at any rate the English language, suffers when the educated classes lose touch with the manual workers. As things are at present, nearly every Englishman, whatever his origins, feels the working-class manner of speech, and even working-class idioms, to be inferior. Cockney, the most widespread dialect, is the most despised of all. Any word or usage that is supposedly Cockney is looked on as vulgar, even when, as is sometimes the case, it is merely an archaism. An example is *ain't*, which is now abandoned in favour of the much weaker form *aren't*. But *ain't* was good enough English eighty years ago, and Queen Victoria would have said *ain't*.

During the past forty years, and especially the past dozen years, English has borrowed largely from American, while America has shown no tendency to borrow from English. The reason for this is partly political. Anti-British feeling in the United States is far stronger than anti-American feeling in England, and most Americans dislike using a word or phrase which they know to be British. But American has gained a footing in England partly be-

schauliche Sprache sprechen und auf Metaphern kommen, die ein echtes Bild hervorrufen, sind die Leute, die mit den Dingen wirklich in Berührung kommen. Ein so nützliches Wort wie *bottleneck* (Flaschenhals) für „Engpaß" wird wahrscheinlich jemandem eingefallen sein, der täglich mit Förderbändern zu tun hat, und die Lebendigkeit der englischen Sprache hängt von dem ständigen Nachschub solcher Bilder ab. Folglich leidet eine Sprache, und auf jeden Fall die englische, wenn die gebildete Schicht den Kontakt mit den Handarbeitern verliert. So wie die Dinge im Augenblick liegen, empfindet fast jeder Engländer beliebiger Herkunft die Sprechweise der Arbeiter und sogar ihre Sprachbilder als minderwertig. Die verbreiteteste Sprechweise, das Cockney, ist zugleich die verachtetste von allen. Jedes Wort und jeder Sprachgebrauch, von dem man annimmt, daß er aus dem Cockney stammt, wird als vulgär angesehen, auch wenn es sich — wie es manchmal der Fall ist — nur um einen veralteten Ausdruck handelt. Ein Beispiel ist *ain't*, das jetzt zugunsten der viel schwächeren Form *aren't* aufgegeben wird. *Ain't* war aber vor achtzig Jahren gutes Englisch, und noch Königin Viktoria hätte *ain't* gesagt.

In den letzten vierzig Jahren, aber besonders in den letzten zwölf Jahren, hat das Englische sehr viel aus dem Amerikanischen entlehnt, während Amerika keine Neigung gezeigt hat, vom Englischen zu entlehnen. Der Grund dafür ist teilweise politischer Natur. In den Vereinigten Staaten sind die anti-britischen Gefühle bei weitem stärker als die anti-amerikanischen in England, und die meisten Amerikaner gebrauchen ungern ein Wort oder eine Redensart, von der sie wissen, daß sie britisch ist. Das Amerikanische dagegen hat in England Fuß gefaßt, zum Teil wegen der leben-

cause of the vivid, almost poetic quality of its slang, partly because certain American usages (for instance, the formation of verbs by adding -ise to a noun) save time, and most of all because one can adopt an American word without crossing a class barrier.

From the English point of view American words have no class label. This applies even to thieves' slang. Words like *stooge* and *stool-pigeon* are considered much less vulgar than words like *nark* and *split*. Even a very snobbish English person would probably not mind calling a policeman a *cop*, which is American, but he would object to calling him a *copper*, which is working-class English.

To the working classes, on the other hand, the use of Americanisms is a way of escaping from Cockney without adopting the B. B. C. dialect, which they instinctively dislike and cannot easily master. Hence, especially in the big towns, working-class children now use American slang from the moment that they learn to talk. And there is a noticeable tendency to use American words even when they are not slang and when an English equivalent already exists: for instance, *escalator* for *moving staircase*, *movies* for *cinema*.

This process will probably continue for some time. One cannot check it simply by protesting against it, and in any case many American words and expressions are well worth adopting. Some are necessary neologisms, others (for instance, *fall* for

digen, geradezu poetischen Art seines Slang, zum Teil, weil
gewisse amerikanische Sprachgewohnheiten (z. B. die Bildung von Verben durch Hinzufügen von -ise an ein Substantiv) Zeit sparen, vor allem aber, weil man ein amerika-
nisches Wort in seinen Sprachschatz aufnehmen kann, ohne
damit die Grenzen einer Klasse zu überschreiten. Vom englischen Standpunkt aus betrachtet haben amerikanische Wörter keine Klassenzugehörigkeit. Das gilt sogar von der Gau-
nersprache. Wörter wie *stooge* (Schnüffler) und *stool-
pigeon* (Lockvogel) werden für viel weniger vulgär gehalten
als Wörter wie *nark* (Spitzel) und *split* (Spion). Selbst ein
sehr versnobter Engländer hätte wahrscheinlich keine Be-
denken, einen Polizisten *cop* zu nennen, was amerikanisch
ist, aber er würde sich hüten, ihn *copper* zu nennen, was
aus dem Englisch der Arbeiterklasse stammt. Für die Arbeiter ist andererseits der Gebrauch von Amerikanismen eine
Möglichkeit, vom Cockney loszukommen, ohne das BBC-
Englisch anzunehmen, das sie instinktiv ablehnen und auch
nicht ohne weiteres beherrschen. Daher verwenden Arbeiter-
kinder besonders in den Großstädten heutzutage amerikanischen Slang schon von dem Augenblick an, da sie sprechen lernen. Und es gibt eine bemerkenswerte Tendenz,
amerikanische Wörter zu gebrauchen, selbst wenn sie nicht
vom Slang herkommen und ein englisches Äquivalent bereits existiert: z. B. *escalator* statt *moving staircase* für
„Rolltreppe" oder *movies* statt *cinema* für „Kino".

Diese Entwicklung wird wahrscheinlich noch einige Zeit
weitergehen. Man kann sie nicht einfach aufhalten, indem
man gegen sie protestiert, und auf jeden Fall sind viele amerikanische Wörter und Ausdrücke es wert, übernommen zu
werden. Einige sind notwendige Neubildungen, andere (z. B.

autumn) are old words which we ought never to have dropped. But it ought to be realised that on the whole American is a bad influence and has already had a debasing effect.

To begin with, American has some of the vices of English in an exaggerated form. The interchangeability of different parts of speech has been carried further, the distinction between transitive and intransitive verbs tends to break down, and many words are used which have no meaning whatever. For example, whereas English alters the meaning of a verb by tacking a preposition on to it, the American tendency is to burden every verb with a preposition that adds nothing to its meaning (*win out, lose out, face up to,* etc.).

On the other hand, American has broken more completely than English with the past and with literary traditions. It not only produces words like *beautician, moronic,* and *sexualise,* but often replaces strong primary words by feeble euphemisms. For instance, many Americans seem to regard the word *death* and various words that go with it *(corpse, coffin, shroud)* as almost unmentionable. But above all, to adopt the American language wholeheartedly would probably mean a huge loss of vocabulary. For though American produces vivid and witty turns of speech, it is terribly poor in names for natural objects and localities. Even the streets in American cities are usually known by numbers instead of names. If

fall statt *autumn* für „Herbst") sind alte Wörter, die wir nie hätten aufgeben sollen. Aber man muß sich darüber klar sein, daß im allgemeinen das Amerikanische einen schlechten Einfluß ausübt und schon zersetzend gewirkt hat.

Zunächst einmal hat das Amerikanische einige von den Untugenden des Englischen in übertriebenem Ausmaß. Die Auswechselbarkeit verschiedener Satzelemente ist weiter entwickelt worden, die Unterscheidung zwischen transitiven und intransitiven Verben geht immer mehr verloren, und es werden Wörter gebraucht, die überhaupt keine Bedeutung haben. Während z. B. das Englische den Sinn eines Verbs durch Hinzufügen einer Präposition abwandelt, hat das Amerikanische die Tendenz, jedes Verb mit einer Präposition zu belasten, die seinem Sinn nichts hinzufügt (*to win out* für „gewinnen", *to lose out* für „verlieren", *to face up to* für „sich zuwenden"). Andererseits hat das Amerikanische vollständiger mit der Vergangenheit und der literarischen Tradition gebrochen als das Englische. Es bringt nicht nur Wörter hervor wie *beautician* (Kosmetiker), *moronic* (schwachsinnig) und *sexualise* (erotisieren), sondern ersetzt kräftige Elementarwörter durch schwache Euphemismen. So scheinen z. B. viele Amerikaner das Wort „Tod" und andere damit zusammenhängende Wörter („Leiche", „Sarg", „Leichentuch") geradezu für unaussprechlich zu halten. Doch vor allem würde die rückhaltlose Übernahme der amerikanischen Sprache wahrscheinlich einen unermeßlichen Verlust für den Wortschatz bedeuten. Denn obgleich das Amerikanische lebendige und witzige Wendungen hervorbringt, ist es schrecklich arm an Bezeichnungen für alltägliche Gegenstände und Örtlichkeiten. Sogar die Straßen in den amerikanischen Städten werden gewöhnlich durch Zahlen statt

we really intended to model our language upon American we should have, for instance, to lump the lady-bird, the daddy-long-legs, the bluebottle, the water-boatman, the cockchafer, the cricket, the death-watch beetle and scores of other insects all together under the inexpressive name of *bug*. We should lose the poetic names of our wild flowers, and also, probably, our habit of giving, individual names to every street, pub, field, lane, and hillock.

In so far as American is adopted, that is the tendency. Those who take their language from the films, or from papers such as *Life* and *Time*, always prefer the slick time-saving word to the one with a history behind it. As to accent, it is doubtful whether the American accent has the superiority which it is now fashionable to claim for it. The "educated" English accent, a product of the last thirty years, is undoubtedly very bad and is likely to be abandoned, but the average English person probably speaks as clearly as the average American. Most English people blur their vowel sounds, but most Americans swallow their consonants. Many Americans pronounce, for instance, *water* as though it had no T in it, or even as though it had no consonant in it at all, except the w. On the whole we are justified in regarding the American language with suspicion. We ought to be ready to borrow its best words, but we ought not to let it modify the actual structure of our language.

However, there is no chance of resisting the Ame-

durch Namen gekennzeichnet. Wenn wir wirklich für unsere Sprache das Amerikanische zum Vorbild nehmen wollten, so müßten wir z. B. den Marienkäfer, die Schnake, die Schmeißfliege, den Schneider, den Maikäfer, das Heimchen, die Totenuhr und Dutzende von anderen Insekten alle zusammen unter dem nichtssagenden Wort *bug* in einen Topf werfen. Wir würden die poetischen Namen für unsere Feldblumen verlieren und wahrscheinlich auch unseren Brauch, jeder Straße, jedem Wirtshaus, jedem Feld, Pfad und Hügel einen eigenen Namen zu geben.

In diese Richtung geht die Entwicklung, wenn wir uns das Amerikanische aneignen. Leute, die sich ihre Sprache aus Filmen oder aus Blättern wie *Life* und *Time* holen, wählen lieber das glatte, zeitsparende Wort als eines, das eine Geschichte hat. Was die Aussprache anbetrifft, so ist es zweifelhaft, ob der amerikanische Akzent die Überlegenheit hat, die ihm nachzusagen jetzt Mode geworden ist. Der Akzent des „gebildeten" Englisch, ein Produkt der letzten dreißig Jahre, ist zwar sehr schlecht und wird wahrscheinlich wieder aufgegeben werden, aber der Durchschnittsengländer spricht wahrscheinlich ebenso klar wie der Durchschnittsamerikaner. Die meisten Engländer verwischen ihre Vokale, aber die meisten Amerikaner verschlucken ihre Konsonanten. Viele Amerikaner sprechen z. B. das Wort *water* aus, als ob es kein *t* oder sogar außer dem *w* überhaupt keinen Konsonanten hätte. Im ganzen sind wir berechtigt, die amerikanische Sprache mit Mißtrauen zu betrachten. Wir sollten bereit sein, ihre besten Wörter zu entlehnen, aber wir sollten nicht zulassen, daß sie die einmal bestehende Struktur unserer Sprache verändert.

Es gibt jedoch keine Chance, dem amerikanischen Ein-

rican influence unless we can put new life into English itself. And it is difficult to do this while words and idioms are prevented from circulating freely among all sections of the population. English people of all classes now find it natural to express incredulity by the American slang phrase *sez you*. Many would even tell you in good faith that *sez you* has no English equivalent. Actually it has a whole string of them — for instance, *not half, I don't think, come off it, less of it, and then you wake up*, or simply *garn*. But most of these would be considered vulgar: you would never find an expression like *not half* in a *Times* leader, for instance. And on the other hand, many necessary abstract words, especially words of Latin origin, are rejected by the working class because they sound public-schoolish, "tony," and effeminate. Language ought to be the joint creation of poets and manual workers, and in modern England it is difficult for these two classes to meet. When they can do so again — as, in a different way, they could in the feudal past — English may show more clearly than at present its kinship with the language of Shakespeare and Defoe.

fluß zu widerstehen, wenn wir nicht in das Englische selber neues Leben zu bringen vermögen. Und das ist schwer, solange Wörter und Redewendungen nicht ungehindert zwischen allen Teilen der Bevölkerung zirkulieren können. Engländer aller Schichten finden es jetzt natürlich, ihren Zweifel an einer Aussage mit dem amerikanischen Slang-Ausdruck *sez you* auszudrücken. Viele würden in gutem Glauben sogar versichern, daß es für *sez you* keine englische Entsprechung gebe. Dabei haben wir eine ganze Reihe davon, z. B. *not half* („nun mach mal halblang"), *I don't think* („denkst du"), *come off it* („geh weiter"), *less of it* („na hör mal"), *and then you wake up* („klingt ja ganz schön . . .") oder einfach *garn* („Quatsch"). Die meisten dieser Ausdrücke würden aber als vulgär angesehen werden: in einem Leitartikel der *Times* wird man z. B. niemals den Ausdruck *not half* finden. Andererseits werden viele unentbehrliche abstrakte Wörter, besonders lateinischen Ursprungs, von den Arbeitern abgelehnt, weil sie nach höherer Schulbildung, „vornehm" oder weibisch klingen. Die Sprache sollte die gemeinsame Schöpfung von Dichtern und Handwerkern sein, und im modernen England ist es für diese beiden Gruppen schwer, sich zusammenzufinden. Wenn sie das wieder tun könnten — wie sie es auf ihre Art im feudalen Zeitalter konnten — würde das Englische deutlicher als im Augenblick zeigen, daß es eines Stammes ist mit der Sprache Shakespeares und Defoes.

The future of the English people

This is not a book about foreign politics, but if one is to speak of the future of the English people, one must start by considering what kind of world they will probably be living in and what special part they can play in it.

Nations do not often die out, and the English people will still be in existence a hundred years hence, whatever has happened in the meantime. But if Britain is to survive as what is called a "great" nation, playing an important and useful part in the world's affairs, one must take certain things as assured. One must assume that Britain will remain on good terms with Russia and Europe, and will keep its special links with America and the Dominions. That is perhaps a great deal to assume, but without it there is not much hope for civilisation as a whole, and still less for Britain itself. If the savage international struggle of the last twenty years continues, there will only be room in the world for two or three great powers, and in the long run Britain will not be one of them. It has not either the population or the resources. In a world of power politics the English would ultimately dwindle to a satellite people, and the special thing that it is in their power to contribute might be lost.

Die Zukunft des englischen Volkes

Dies ist kein Buch über Außenpolitik, aber wenn man über die Zukunft des englischen Volkes sprechen will, muß man von der Frage ausgehen, in was für einer Welt das englische Volk wahrscheinlich leben wird und welche besondere Rolle es in ihr spielen kann.

Es kommt nicht oft vor, daß Nationen aussterben, und das englische Volk wird noch in hundert Jahren existieren, was immer sich bis dahin ereignet haben mag. Wenn aber Großbritannien als „Großmacht" überleben und eine wichtige und nützliche Rolle in den Weltläuften spielen soll, dann muß man gewisse Sachverhalte voraussetzen können. Man muß annehmen dürfen, daß Großbritannien mit Rußland und Europa auch weiterhin auf gutem Fuß stehen und seine besonderen Bande mit Amerika und den Dominions aufrechterhalten wird. Vielleicht ist es sehr viel, was wir da annehmen, aber ohne diese Voraussetzungen gibt es für die Zivilisation als Ganzes nicht viel Hoffnung und noch weniger für Großbritannien selber. Wenn das wilde internationale Ringen der letzten zwanzig Jahre so weitergeht, wird nur für zwei oder drei Großmächte Raum da sein, und Großbritannien wird auf die Dauer nicht zu ihnen gehören. Es fehlt ihm dazu an Bevölkerung und an natürlichen Reichtümern. In einer Welt der Machtpolitik würden die Engländer schließlich zu einem Satellitenvolk herabsinken, und der besondere Beitrag, den sie zu leisten vermöchten, wäre verloren.

But what is the special thing that they could contribute? The outstanding and — by contemporary standards — highly original quality of the English is their habit of *not killing one another*. Putting aside the "model" small states, which are in an exceptional position, England is the only European country where internal politics are conducted in a more or less humane and decent manner. It is — and this was true long before the rise of fascism — the only country where armed men do not prowl the streets and no one is frightened of the secret police.

And the whole British Empire, with all its crying abuses, its stagnation in one place and exploitation in another, at least has the merit of being internally peaceful. It has always been able to get along with a very small number of armed men, although it contains a quarter of the population of the earth. Between the wars its total armed forces amounted to about 600,000 men, of whom a third were Indians. At the outbreak of war the entire Empire was able to mobilise about a million trained men. Almost as many could have been mobilised by, say, Rumania. The English are probably more capable than most peoples of making revolutionary changes without bloodshed. In England, if anywhere, it would be possible to abolish poverty without destroying liberty. If the English took the trouble to make their own democracy work, they would become the political leaders of western Europa, and probably of some

Aber was ist das für ein besonderer Beitrag, den sie leisten könnten? Die auffälligste und — bei den heutigen Verhältnissen — höchst originelle Eigenschaft der Engländer ist ihre Gewohnheit, *einander nicht umzubringen*. Wenn man von den kleinen „Musterländern" absieht, die sich nun einmal in einer besonderen Lage befinden, ist England das einzige europäische Land, in dem innerpolitische Streitigkeiten auf mehr oder minder menschliche und anständige Weise geführt werden. Es ist — und das traf schon längst vor dem Aufkommen des Faschismus zu — das einzige Land, wo keine bewaffneten Leute auf den Straßen herumstreifen und niemand vor der Geheimpolizei zittert. Und das ganze britische Empire mit all seinen himmelschreienden Mißständen, seiner Stagnation in diesem und seiner Ausbeutung in jenem Land, hat jedenfalls das Verdienst, innerhalb seiner Grenzen friedlich zu sein. Es ist immer mit einer sehr kleinen Zahl bewaffneter Leute ausgekommen, obwohl es ein Viertel der Erdbevölkerung umfaßt. Zwischen den Weltkriegen betrugen seine gesamten Streitkräfte etwa 600 000 Mann, von denen ein Drittel Inder waren. Bei Kriegsausbruch vermochte das ganze Empire ungefähr eine Million ausgebildeter Soldaten zu mobilisieren: ungefähr so viele wie etwa von Rumänien mobilisiert werden konnten. Die Engländer sind wahrscheinlich eher als die meisten anderen Völker imstande, revolutionäre Änderungen ohne Blutvergießen durchzuführen. Wenn irgendwo, dann wäre es in England möglich, die Armut abzuschaffen, ohne die Freiheit zu zerstören. Wenn die Engländer sich die Mühe nähmen, dafür zu sorgen, daß ihre eigene Demokratie funktioniert, würden sie die politischen Führer von Westeuropa werden und wahrscheinlich auch von einigen anderen Tei-

other parts of the world as well. They would provide the much-needed alternative to Russian authoritarianism on the one hand and American materialism on the other.

But to play a leading part the English have got to know what they are doing, and they have got to retain their vitality. For this, certain developments are needed within the next decades. These are a rising birthrate, more social equality, less centralisation and more respect for the intellect.

There was a small rise in the birthrate during the war years, but that is probably of no significance, and the general curve is downwards. The position is not quite so desperate as it is sometimes said to be, but it can only be put right if the curve not only rises sharply, but does so within ten or at most twenty years. Otherwise the population will not only fall, but, what is worse, will consist predominantly of middle-aged people. If that point is reached, the decline may never be retrievable.

At bottom, the causes of the dwindled birthrate are economic. It is nonsense to say that it has happened because English people do not care for children. In the early nineteenth century they had an extremely high birthrate, and they also had an attitude towards children which now seems to us unbelievably callous. With very little public disapproval, children as young as six were sold into the mines and factories, and the death of a child, the most shocking event that modern people are

len der Welt. Sie würden die dringend notwendige Alternative zu dem russischen autoritären System auf der einen und dem amerikanischen Materialismus auf der anderen Seite bieten können.

Um aber eine führende Rolle spielen zu können, müssen sich die Engländer klar werden, wo sie stehen, und müssen ihre Lebenskraft bewahren. Dazu sind in den nächsten Jahrzehnten manche Fortschritte erforderlich: eine steigende Geburtenziffer, mehr soziale Gleichheit, eine weniger zentralisierte Verwaltung und mehr Respekt vor der Intelligenz.

Während des letzten Krieges gab es eine kleine Steigerung der Geburtenziffer; aber das ist wahrscheinlich ohne Bedeutung, weil die allgemeine Kurve abwärts verläuft. Die Lage ist nicht ganz so verzweifelt, wie es manchmal behauptet wird, doch sie kann erst in Ordnung kommen, wenn die Kurve scharf ansteigt, und zwar innerhalb der nächsten zehn oder spätestens zwanzig Jahre. Sonst wird die Bevölkerung nicht nur abnehmen, sondern, was schlimmer ist, vornehmlich aus Leuten mittleren Alters bestehen. Wenn dieser Punkt erreicht ist, dürfte der Abstieg nicht mehr aufzuhalten sein.

Im Grunde sind die Ursachen der schwindenden Geburtenziffer wirtschaftlicher Natur. Es ist Unsinn, zu sagen, daß alles so gekommen sei, weil die Engländer sich nichts aus Kindern machten. Im Anfang des neunzehnten Jahrhunderts hatten sie eine außerordentlich hohe Geburtenziffer und nahmen den Kindern gegenüber eine Haltung ein, die uns heute unglaublich lieblos erscheint. Fast ohne öffentliche Mißbilligung wurden Kinder schon mit sechs Jahren an Bergwerke und Fabriken verdingt, und der Tod eines Kindes, das schrecklichste Ereignis, das wir uns heut-

able to imagine, was looked on as a very minor tragedy. In a sense it is true that modern English people have small families because they are too fond of children. They feel that it is wrong to bring a child into the world unless you are completely certain of being able to provide for him, and at a level not lower than your own.

For the last fifty years, to have a big family has meant that your children must wear poorer clothes than others in the same group, must have less food and less attention, and probably must go to work earlier. This held good for all classes except the very rich and the unemployed. No doubt the dearth of babies is partly due to the competing attraction of cars and radios, but its main cause is a typically English mixture of snobbishness and altruism.

The philoprogenitive instinct will probably return when fairly large families are already the rule, but the first steps towards this must be economic ones. Half-hearted family allowances will not do the trick, especially when there is a severe housing shortage, as there is now. People should be better off for having children, just as they are in a peasant community, instead of being financially crippled, as they are in ours. Any government, by a few strokes of the pen, could make childlessness as unbearable an economic burden as a big family is now: but no government has chosen to do so, because of the ignorant idea that a bigger popu-

zutage vorstellen können, wurde als eine sehr unbedeutende Tragödie betrachtet. In einem gewissen Sinne ist es wahr, daß die heutigen Engländer kleine Familien haben, weil sie zu kinderlieb sind. Sie haben das Gefühl, es sei unrecht, ein Kind in die Welt zu setzen, wenn man nicht sicher weiß, daß man es mit einem Lebensstandard versorgen kann, der nicht niedriger ist als der eigene. Eine große Familie zu haben, bedeutete in den letzten fünfzig Jahren, daß die Kinder bescheidenere Kleider tragen mußten als andere, die derselben gesellschaftlichen Schicht angehörten, daß sie weniger gut ernährt werden und weniger Pflege bekommen konnten und wahrscheinlich auch früher arbeiten mußten. Das gilt für alle Klassen mit Ausnahme der sehr Reichen und der Arbeitslosen. Zum Teil ist die zu kleine Zahl der Babies zweifellos auf die konkurrierende Anziehungskraft von Auto und Radio zurückzuführen, aber ihre Hauptursache ist eine typisch englische Mischung von selbstsüchtiger Eitelkeit und Altruismus.

Der Fortpflanzungstrieb wird wahrscheinlich wiederkehren, wenn es schon wieder üblich geworden ist, eine größere Familie zu haben, aber die ersten Schritte dahin müssen wirtschaftlicher Natur sein. Unzulängliche Familienunterstützungen werden dazu nicht ausreichen, vor allem dann nicht, wenn, wie jetzt, große Wohnungsnot herrscht. Die Menschen sollten ihre Lage durch viele Kinder verbessern, wie das in einer bäuerlichen Lebensgemeinschaft geschieht, anstatt sich finanziell zu verschlechtern, wie es in unserer Gesellschaft der Fall ist. Jede Regierung könnte mit ein paar Federstrichen erreichen, daß Kinderlosigkeit eine ebenso unerträgliche Last darstellt wie heutzutage eine große Familie: aber keine Regierung hat das getan, weil man

lation means more unemployed. Far more drastically than anyone has proposed hitherto, taxation will have to be graded so as to encourage child-bearing and to save women with young children from being obliged to work outside the home. And this involves readjustment of rents, better public service in the matter of nursery schools and playing grounds, and the building of bigger and more convenient houses. It also probably involves the extension and improvement of free education, so that the middle-class family shall not, as at present, be crushed out of existence by impossibly high school fees.

The economic adjustments must come first, but a change of outlook is also needed. In the England of the last thirty years it has seemed all too natural that blocks of flats should refuse tenants with children, that parks and squares should be railed off to keep the children out of them, that abortion, theoretically illegal, should be looked on as a peccadillo, and that the main aim of commercial advertising should be to popularise the idea of "having a good time" and staying young as long as possible. Even the cult of animals, fostered by the newspapers, has probably done its bit towards reducing the birthrate. Nor have the public authorities seriously interested themselves in this question till very recently. Britain to-day has a million and a half less children than in 1914, and a million and a half more dogs. Yet after the last war, when the government designed a prefabricated house, it pro-

von dem abwegigen Gedanken ausging, daß eine größere Bevölkerung mehr Arbeitslosigkeit bedeutet. Weit drastischer, als es bisher von irgendeiner Seite vorgeschlagen worden ist, müßten die Steuern so gestaffelt werden, daß der Kinderreichtum gefördert wird und Frauen mit kleinen Kindern nicht außerhalb des Hauses arbeiten müssen. Dazu gehört eine Neuordnung der Mieten, eine größere staatliche Anstrengung im Bau von Kindergärten und Spielplätzen, und die Errichtung von größeren und bequemeren Häusern. Ferner gehört wahrscheinlich die Ausdehnung und Verbesserung der kostenlosen Ausbildung dazu, damit die Familien des Mittelstandes nicht wie gegenwärtig durch unglaublich hohe Schulgelder in ihrer Existenz getroffen werden.

Die wirtschaftlichen Maßnahmen müssen zuerst kommen, aber es bedarf auch einer Änderung der geistigen Haltung. Im England der letzten dreißig Jahre schien es nur zu selbstverständlich, daß ganze Häuserblocks sich weigerten, Mieter mit Kindern aufzunehmen, daß Parks und Plätze durch Gitter abgesperrt waren, um die Kinder von ihnen fernzuhalten, daß die Abtreibung, die theoretisch durch das Gesetz verboten ist, als Lappalie galt, und daß das Hauptziel der kommerziellen Werbung darin bestand, den Gedanken zu verbreiten, man müsse „ein paar fröhliche Stunden verleben" und so lange als möglich jung bleiben. Auch der Haustier-Kult, von den Tageszeitungen unterstützt, hat wahrscheinlich sein Scherflein zum Absinken der Geburtenziffer beigetragen. Und die staatlichen Behörden haben sich bis vor kurzem nicht ernstlich für diese Frage interessiert. Großbritannien hat heute anderthalb Millionen Kinder weniger als 1914 und anderthalb Millionen Hunde mehr. Und doch brachte die Regierung, als sie nach dem letzten Krieg

duced a house with only two bedrooms — with room, that is to say, for two children at the most. When one considers the history of the years between the wars, it is perhaps surprising that the birthrate has not dropped more catastrophically than it has. But it is not likely to rise to the replacement level until those in power, as well as the ordinary people in the street, come to feel that children matter more than money.

The English are probably less irked by class distinctions, more tolerant of privilege and of absurdities like titles, than most peoples. There is nevertheless, as I have pointed out earlier, a growing wish for greater equality and a tendency, below the £ 2,000 a year level, for surface differences between class and class to disappear. At present this is happening only mechanically and quite largely as a result of the war.

The question is how it can be speeded up. For even the change-over to a centralised economy, which, except, possibly, in the United States, is happening in all countries under one name or another, does of itself guarantee greater equality between man and man. Once civilisation has reached a fairly high technical level, class distinctions are an obvious evil. They not only lead great numbers of people to waste their lives in the pursuit of social prestige, but they also cause an immense wastage of talent. In England it is not merely the ownership of property that is

ein Fertighaus entwerfen ließ, ein Haus heraus mit nur
zwei Schlafzimmern — es war also Platz für höchstens zwei
Kinder. Wenn man an die Zeiten zwischen den Kriegen
denkt, ist es vielleicht überraschend, daß die Geburtenziffer
nicht noch katastrophaler gefallen ist. Aber es ist nicht anzunehmen, daß sie auf den notwendigen Ausgleichsüber-
schuß steigt, solange nicht diejenigen, die an der Macht
sind, ebenso wie der einfache Mann von der Straße fühlen,
daß Kinder wichtiger sind als Geld.

Die Engländer ärgern sich wahrscheinlich weniger über
Klassenunterschiede und sind in Bezug auf Klassenprivilegien und Albernheiten wie Titel toleranter als die meisten
anderen Völker. Es gibt aber trotzdem, wie ich weiter oben
ausgeführt habe, ein immer stärker werdendes Bedürfnis
nach größerer Gleichheit und — bei den Leuten mit weniger
als 2000 Pfund im Jahr — eine Neigung, die äußeren Unterschiede zwischen Klasse und Klasse verschwinden zu lassen.
Gegenwärtig spielt sich das ganz mechanisch und weitgehend als eine Folge des Krieges ab. Die Frage ist, wie dieser Prozeß beschleunigt werden kann. Denn schon der Über-
gang zu einer zentralisierten Wirtschaft, wie sie sich in allen
Ländern, vielleicht mit Ausnahme der Vereinigten Staaten,
unter dieser oder jener Bezeichnung durchsetzt, garantiert
von selbst eine größere Gleichheit zwischen Mensch und
Mensch. Wenn die Zivilisation erst einmal einen verhältnis-
mäßig hohen technischen Stand erreicht hat, werden Klassenunterschiede ein offenbares Übel. Sie verführen nicht
nur viele Leute dazu, ihr Leben auf die Jagd nach sozialem
Prestige zu verschwenden, sondern verursachen auch eine
ungeheure Verschwendung von Talenten. In England ist
nicht nur das Eigentum an den Gütern in wenigen Händen

concentrated in a few hands. It is also the case that all power, administrative as well as financial, belongs to a single class. Except for a handful of "self-made men" and Labour politicians, those who control our destinies are the product of about a dozen public schools and two universities. A nation is using its capacities to the full when any man can get any job that he is fit for. One has only to think of some of the people who have held vitally important jobs during the past twenty years, and to wonder, what would have happened to them if they had been born into the working class, to see that this is not the case in England.

Moreover, class distinctions are a constant drain on morale, and the more conscious, the better educated, the mass of the people become, the more this is so. The word "They," the universal feeling that "They" hold all the power and make all the decisions, and that "They" can only be influenced in indirect and uncertain ways, is a great handicap in England. Three measures are obviously necessary, and they would begin to produce their effect within a few years.

The first is a scaling-up and scaling-down of incomes. The glaring inequality of wealth that existed in England before the war must not be allowed to recur. Above a certain point — which should bear a fixed relation to the lowest current wage — all income should be taxed out of existence. In theory, at any rate, this has happened already, with beneficial results. The second neces-

zusammengeballt; auch die Macht, im administrativen und finanziellen Sinne, gehört einer einzigen Klasse. Mit Ausnahme einer Handvoll von „Selfmademen" und Labour-Politikern sind alle, die unser Geschick in Händen haben, das Erziehungsprodukt von einem runden Dutzend Internatsschulen und zwei Universitäten. Eine Nation nutzt ihre Leistungskraft aber nur dann voll aus, wenn jeder jeden Arbeitsplatz bekommen kann, für den er geeignet ist. Um zu erkennen, daß das in England nicht der Fall ist, braucht man nur an einige von den Leuten zu denken, die in den letzten zwanzig Jahren an entscheidenden Stellen gestanden haben, und sich fragen, was aus ihnen geworden wäre, wenn sie als Arbeitersöhne auf die Welt gekommen wären.

Überdies bedeuten Klassenunterschiede eine ständige moralische Zumutung, und das um so mehr, je bewußter, je gebildeter die Masse des Volkes wird. Das Wort „sie", das verbreitete Gefühl, daß „sie" alle Macht in Händen haben, alle Entscheidungen treffen und nur auf indirekte und unberechenbare Weise beeinflußt werden können, ist in England ein großes Hindernis. Drei Maßnahmen sind ganz offensichtlich notwendig; sie würden innerhalb weniger Jahre anfangen, ihre Wirkung zu zeigen.

Die erste wäre, nach einem bestimmten Maßstab die Einkommen herauf- und herunterzusetzen. Die krasse wirtschaftliche Ungleichheit, die vor dem Kriege in England bestand, darf nicht wiederkehren. Über eine bestimmte Grenze hinaus — die in einem festen Verhältnis zum allgemeinen Mindestlohn zu stehen hätte — müßten alle Einkommen weggesteuert werden. Theoretisch ist das ja schon geschehen, und zwar mit heilsamen Folgen. Die zweite Maßnahme wäre eine stärkere Demokratisierung der Er-

sary measure is greater democracy in education. A completely unified system of education is probably not desirable. Some adolescents benefit by higher education, others do not, there is need to differentiate between literary and technical education, and it is better that a few independent experimental schools should remain in existence. But it should be the rule, as it is in some countries already, for all children to attend the same schools up to the age of twelve or at least ten. After that age it becomes necessary to separate the more gifted children from the less gifted, but a uniform educational system for the early years would cut away one of the deepest roots of snobbery.

The third thing that is needed is to remove the class labels from the English language. It is not desirable that all the local accents should disappear, but there should be a manner of speaking that is definitely national and is not merely (like the accent of the B.B.C. announcers) a copy of the mannerisms of the upper classes. This national accent — a modification of Cockney, perhaps, or of one of the northern accents — should be taught as a matter of course to all children alike. After that they could, and in some parts of the country they probably would, revert to the local accent, but they should be able to speak standard English if they wished to. No one should be "branded on the tongue." It should be impossible, as it is in the United States and some European countries, to determine anyone's status from his accent.

ziehung. Ein völlig vereinheitlichtes Erziehungssystem ist wahrscheinlich nicht wünschenswert. Einige Jugendliche können aus höherer Schulbildung Nutzen ziehen, andere nicht; man muß also zwischen humanistischer und naturwissenschaftlicher Bildung unterscheiden, und es ist wohl gut, wenn ein paar unabhängige Versuchsschulen bestehen bleiben. Aber es sollte wie schon in einigen anderen Ländern für alle Kinder die Regel werden, daß sie bis zum Alter von zwölf oder jedenfalls zehn Jahren die gleiche Schule besuchen. Nach diesem Alter wird es notwendig, die begabteren von den weniger begabten Kindern zu trennen, aber ein einheitliches Erziehungssystem für die frühen Altersstufen würde eine der tiefsten Wurzeln des versnobten Dünkels ausrotten.

Die dritte Notwendigkeit ist die Entfernung der Klassenmerkmale aus der Sprache. Es ist nicht wünschenswert, daß alle landschaftlichen Dialekte verschwinden, aber es sollte eine Sprechweise geben, die wirklich national wäre und nicht nur (wie die Sprache der BBC-Ansager) eine Kopie der Manieriertheiten der oberen Klassen. Diese nationale Sprechweise, vielleicht eine Abwandlung des Cockney oder von einem der nördlichen Dialekte, müßte natürlich allen Kindern gleicherweise beigebracht werden. Danach könnten sie — und würden es auch wohl in einigen Landesteilen — zu ihrem heimatlichen Dialekt zurückkehren, aber sie sollten imstande sein, ein Standard-Englisch zu sprechen, wenn sie es wünschen. Niemand dürfte „auf der Zunge gebrandmarkt" sein. Es müßte wie in den Vereinigten Staaten und in einigen europäischen Ländern unmöglich sein, aus der Sprechweise eines Menschen auf seinen sozialen Stand zu schließen.

We need, too, to be less centralised. English agriculture revived during the recent war years, and the revival may continue, but the English people are still excessively urban in outlook. Culturally, moreover, the country is very much over-centralised. Not only is the whole of Britain in effect governed from London, but the sense of locality — of being, say, an East Anglian or a West Countryman as well as an Englishman — has been much weakened during the past century. The ambition of the farm labourer is usually to get to a town, the provincial intellectual always wants to get to London. In both Scotland and Wales there are nationalist movements, but they are founded on an economic grievance against England rather than on genuine local pride. Nor is there any important literary or artistic movement that is truly independent of London and the university towns.

It is uncertain whether this centralising tendency is completely reversible, but a good deal could be done to check it. Both Scotland and Wales could and should be a great deal more autonomous than they are at present. The provincial universities should be more generously equipped and the provincial press subsidised. (At present nearly the whole of England is "covered" by eight London newspapers. No newspaper with a large circulation, and no first-class magazine, is published outside London.) The problem of getting people, and especially young, spirited people, to stay on the land would be partly solved if farm labourers had

Auch ist es notwendig, daß wir uns dezentralisieren. Die englische Landwirtschaft ist während der jüngsten Kriegsjahre wieder aufgeblüht, und dieser Aufschwung dürfte wohl anhalten; das englische Volk aber ist in seiner Mentalität immer noch ausgesprochen städtisch, und in kultureller Hinsicht ist das Land sehr überzentralisiert. Nicht nur wird ganz Großbritannien tatsächlich von London aus regiert, sondern das Heimatgefühl — daß man nämlich ebenso sehr ost- oder westenglischer Landsmann ist wie Engländer — hat in den letzten Jahrhunderten nachgelassen. Der Ehrgeiz des Landarbeiters ist gewöhnlich, in eine Stadt zu übersiedeln, und der Intellektuelle aus der Provinz möchte nach London. Sowohl in Schottland als auch in Wales gibt es zwar nationalistische Bewegungen, aber sie beruhen mehr auf wirtschaftlichen Vorwürfen gegen England als auf wirklichem Heimatstolz. Und es gibt keine nennenswerte literarische oder künstlerische Bewegung, die wirklich unabhängig von London und den Universitäten wäre.

Es ist ungewiß, ob diese Tendenz zur Zentralisierung ganz in ihr Gegenteil verkehrt werden kann, aber es könnte viel getan werden, sie aufzuhalten. Schottland und Wales könnten und sollten sehr viel selbständiger sein, als sie es gegenwärtig sind. Die kleineren Universitäten sollten großzügiger ausgestattet werden und die Provinzpresse Subventionen bekommen. (Gegenwärtig wird fast ganz England von acht Londoner Tageszeitungen „versorgt". Außerhalb Londons erscheint keine Zeitung mit größerer Auflage und keine erstklassige Zeitschrift.) Das Problem, die Leute — und besonders die jungen, unternehmungslustigen Leute — dazu zu bewegen, auf dem Lande zu bleiben, wäre zum Teil gelöst, wenn die Landarbeiter bessere Häuser hät-

better cottages and if country towns were more civilised and cross-country bus services more efficient. Above all, local pride should be stimulated by teaching in the elementary schools. Every child ought as a matter of course to learn something of the history and topography of its own county. People ought to be proud of their own locality, they ought to feel that its scenery, its architecture and even its cookery are the best in the world. And such feelings, which do exist in some areas of the North but have lapsed throughout the greater part of England, would strengthen national unity rather than weaken it.

It has been suggested earlier that the survival of free speech in England is partly the result of stupidity. The people are not intellectual enough to be heresy-hunters. One does not wish them to grow less tolerant, nor, having seen the results, would one want them to develop the political sophistication that prevailed in pre-Hitler Germany or pre-war France. But the instincts and traditions on which the English rely served them best when they were an exceptionally fortunate people, protected by geography from major disaster. In the twentieth century the narrow interests of the average man, the rather low level of English education, the contempt for "highbrows" and the almost general deadness to aesthetic issues, are serious liabilities.

What the upper classes think about "highbrows" can be judged from the Honours Lists. The

ten, wenn die Landstädte mehr kulturelle Anreize böten und der Verkehr der Überlandbusse leistungsfähiger wäre. Vor allem sollte im Unterricht an den Volksschulen der Heimatstolz angeregt werden. Es sollte eine Selbstverständlichkeit sein, daß jedes Kind etwas über die Geschichte und die Geographie seiner Heimat erfährt. Die Menschen sollten auf ihre engere Heimat stolz sein, sie sollten überzeugt sein, daß ihre Landschaft, ihre Architektur und sogar ihre Küche die besten auf der Welt sind. Solche Gesinnungen, die in einigen Landstrichen des Nordens wirklich bestehen, im größeren Teil Englands aber durchweg ausgestorben sind, würden die nationale Einheit eher stärken als schwächen.

Wir haben anfangs die Vermutung ausgesprochen, daß die Tradition der freien Rede in England zum Teil eine Folge der Dummheit sei. Die Menschen sind für Ketzerverfolgungen nicht intellektuell genug. Nun kann man ihnen nicht wünschen, daß sie weniger tolerant würden, noch auch, da wir die Folgen erlebt haben, daß sie die politische Sophisterei entwickelten, die im Deutschland der Vor-Hitlerzeit oder im Vorkriegsfrankreich geherrscht hat. Aber die Instinkte und Traditionen, auf welche die Engländer sich verlassen, haben ihnen am besten genützt, als sie ein besonders glückliches Volk waren, das durch seine Geographie vor größeren Katastrophen bewahrt wurde. Im zwanzigsten Jahrhundert sind die beschränkten Interessen des Durchschnittsmenschen, der ziemlich niedrige Stand der englischen Allgemeinbildung, die Verachtung der *highbrows*, der „Leute mit der hohen Stirn", und die fast allgemeine Stumpfheit gegenüber ästhetischen Fragen sehr ernste Passiva.

Was die oberen Klassen von den *highbrows* denken, kann man aus dem „Verzeichnis der Ehrungen" ersehen. Die obe-

upper classes feel titles to be important: yet almost never is any major honour bestowed on anyone describable as an intellectual. With very few exceptions, scientists do not get beyond baronetcies, or literary men beyond knighthoods. But the attitude of the man in the street is no better. He is not troubled by the reflection that England spends hundreds of millions every year on beer and the football pools while scientific research languishes for lack of funds; or that we can afford greyhound tracks innumerable but not even one National Theatre. Between the wars England tolerated newspapers, films, and radio programmes of unheard-of silliness, and these produced further stupefaction in the public, blinding their eyes to vitally important problems. This silliness of the English press is partly artificial, since it arises from the fact that newspapers live off advertisements for consumption goods. During the war the papers grew very much more intelligent without losing their public, and millions of people read papers which they would have rejected as impossibly "highbrow" some years ago. There is, however, not only a low general level of taste, but a widespread unawareness that aesthetic considerations can possibly have any importance. Rehousing and town-planning, for instance, are normally discussed without even a mention of beauty or ugliness. The English are great lovers of flowers, gardening and "nature," but this is merely a part of their vague aspiration towards an agricultural life.

ren Klassen halten Titel für sehr wichtig: doch fast niemals wird eine bedeutendere Ehrung einem Menschen verliehen, den man als Intellektuellen bezeichnen könnte. Mit sehr wenigen Ausnahmen kommen Wissenschaftler nicht über den „Baronet" und die Männer der Literatur nicht über den „Knight" hinaus. Aber die Haltung des Mannes von der Straße ist nicht besser. Die Überlegung, daß England jedes Jahr Hunderte von Millionen für Bier und Fußballtoto ausgibt, während die wissenschaftliche Forschung wegen fehlender Zuschüsse dahinsiecht, oder daß wir uns unzählige Windhundrennbahnen leisten können, aber nicht einmal ein Nationaltheater, beunruhigt ihn nicht. Zwischen den beiden Kriegen duldete England unglaublich törichte Zeitungen, Filme und Radioprogramme, die eine immer größere Verdummung in die Öffentlichkeit trugen und ihr die Augen für die lebenswichtigen Probleme verschlossen. Diese Stumpfsinnigkeit der englischen Presse ist teilweise künstlich, weil sie sich aus der Tatsache erklärt, daß die Zeitungen von den Anzeigen für Konsumgüter leben. Während des Krieges wurden die Zeitungen sehr viel intelligenter, ohne ihr Publikum einzubüßen, und Millionen Menschen lasen Zeitungen, die sie einige Jahre vorher als unvorstellbar *highbrow* zurückgewiesen hätten. Es besteht aber nicht nur ein niedriges allgemeines Geschmacksniveau, sondern auch eine weitverbreitete Unwissenheit darüber, daß ästhetische Überlegungen irgendwie wichtig sein könnten. Hausbau und Stadtplanung zum Beispiel werden normalerweise diskutiert, ohne daß dabei Schönheit oder Häßlichkeit auch nur zur Sprache kämen. Die Engländer sind große Liebhaber von Blumen, Gartenarbeit und „Natur", aber das ist nur ein Teil ihrer verschwommenen Sehnsucht nach einem länd-

In the main they see no objection to "ribbon development" or to the filth and chaos of the industrial towns. They see nothing wrong in scattering the woods with paper bags and filling every pool and stream with tin cans and bicycle frames. And they are all too ready to listen to any journalist who tells them to trust their instincts and despise the "highbrow."

One result of this has been to increase the isolation of the British intelligentsia. English intellectuals, especially the younger ones, are markedly hostile to their own country. Exceptions can, of course, be found, but it is broadly true that anyone who would prefer T. S. Eliot to Alfred Noyes despises England, or thinks that he ought to do so. In "enlightened" circles, to express pro-British sentiments needs considerable moral courage. The philistinism of the English public alienates the intelligentsia, and the loss to society is very great. It means that the people whose vision is acutest — the people, for instance, who grasped that Hitler was dangerous ten years before this was discovered by our public men — are hardly able to make contact with the masses and grow less and less interested in English problems.

The English will never develop into a nation of philosophers. They will always prefer instinct to logic, and character to intelligence. But they must get rid of their downright contempt for "cleverness." They cannot afford it any longer. They must grow less tolerant of ugliness, and mentally

lichen Leben. Im allgemeinen haben sie nichts gegen endlose Reihen von Serienhäusern oder gegen den Schmutz und das Chaos der Industriestädte einzuwenden. Sie erblicken nichts Unrechtes darin, wenn sie die Wälder mit Papiertüten bestreuen und jeden Teich und jeden Fluß mit Konservendosen und Fahrradrahmen vollwerfen. Und sie sind nur zu gern bereit, jedem Journalisten Gehör zu schenken, der ihnen sagt, sie sollten ihrem Instinkt vertrauen und die *highbrows* verachten.

Eine Folge davon ist die immer größere Isolierung der britischen Intelligenz. Die englischen Intellektuellen, besonders die jüngeren, stehen ihrem eigenen Land ausgesprochen feindselig gegenüber. Es finden sich natürlich Ausnahmen, aber es ist sehr viel Wahres daran, daß jeder, der T. S. Eliot lieber mag als Alfred Noyes *, England verachtet oder denkt, er müsse es verachten. Es erfordert beträchtlichen moralischen Mut, in „erleuchteten" Kreisen pro-britische Gefühle auszudrücken. Das Philistertum der englischen Öffentlichkeit entfremdet ihr die Intelligenz, und der Verlust für die Gesellschaft ist sehr groß. Er bedeutet, daß diejenigen, deren Blick am schärfsten ist (z. B. die Leute, die begriffen, daß Hitler eine Gefahr bedeutete, zehn Jahre bevor dies von unseren Staatsmännern entdeckt wurde), kaum imstande sind, mit den Massen Kontakt zu bekommen, und daß sie an den Problemen Englands immer weniger Interesse nehmen.

Die Engländer werden sich niemals zu einer Nation von Philosophen entwickeln. Sie werden immer den Instinkt der Logik und den Charakter der Intelligenz vorziehen. Aber sie müssen sich von ihrer offenen Verachtung für den „Grips" freimachen. Sie können sich das nicht länger leisten. Sie müssen gegen alle Häßlichkeit intoleranter und

---

* Alfred Noyes (1840 – 1950) schrieb Gedichte über den englischen Alltag, von denen viele in die Schullesebücher aufgenommen wurden.　A. d. Ü.

more adventurous. And they must stop despising foreigners. They are Europeans and ought to be aware of it. On the other hand they have special links with the other English-speakers overseas, and special imperial responsibilities, in which they ought to take more interest than they have done during these past twenty years. The intellectual atmosphere of England is already very much livelier than it was. But there is still need for a conscious effort at national re-education. The first step towards this is an improvement in elementary education, which involves not only raising the school-leaving age but spending enough money to ensure that elementary schools are adequately staffed and equipped. And there are immense educational possibilities in the radio, the film, and — if it could be freed once and for all from commercial interests — the press.

These, then, appear to be the immediate necessities of the English people. They must breed faster, work harder, and probably live more simply, think more deeply, get rid of their snobbishness and their anachronistic class distinctions, and pay more attention to the world and less to their own backyards. Nearly all of them already love their country, but they must learn to love it intelligently. They must have a clear notion of their own destiny and not listen either to those who tell them that England is finished or to those who tell them that the England of the past can return.

If they can do that they can keep their feet in

geistig beweglicher werden. Und sie müssen aufhören, auf die Ausländer herabzusehen. Sie sind Europäer und sollten sich dessen bewußt sein. Andererseits haben sie besondere Verpflichtungen den übrigen englischsprechenden Menschen in Übersee und eine besondere Verantwortung dem Empire gegenüber, für die sie mehr Interesse zeigen sollten, als sie es in den letzten zwanzig Jahren getan haben. Die geistige Atmosphäre in England ist schon sehr viel lebendiger als früher. Aber die Notwendigkeit einer bewußten Anstrengung nationaler Umerziehung besteht noch immer. Der erste Schritt in dieser Richtung wäre eine Verbesserung des Volksschulwesens, und dazu gehört nicht nur die Heraufsetzung des schulpflichtigen Alters, sondern auch das nötige Geld, um sicherzustellen, daß die Volksschulen ausreichend mit Lehrern und Lehrmitteln versorgt werden. Unermeßliche erzieherische Möglichkeiten liegen im Radio, im Film und — wenn sie ein für allemal von kommerziellen Interessen befreit werden könnte — in der Presse.

Dies scheinen wohl die unmittelbaren Notwendigkeiten für die Engländer zu sein. Sie müssen sich schneller vermehren, härter arbeiten und wahrscheinlich einfacher leben, tiefer denken, frei werden von ihrer Versnobtheit und ihren anachronistischen Klassenunterschieden, mehr auf die große Welt achten und weniger auf ihre eigenen Hinterhöfe. Fast alle lieben sie ihr Land bereits, aber sie müssen lernen, es auf eine intelligente Weise zu lieben. Sie müssen einen klaren Begriff von ihrer eigenen Bestimmung haben und weder denen Gehör schenken, die ihnen sagen, daß es mit England aus ist, noch denen, die ihnen sagen, daß das England der Vergangenheit wiederkehren könne.

Wenn sie das können, dann können sie auch in der heu-

the world of to-day, and if they can keep their feet they can give the example that millions of human beings are waiting for. The world is sick of chaos and it is sick of dictatorship. Of all peoples the English are likeliest to find a way of avoiding both. Except for a small minority they are fully ready for the drastic economic changes that are needed, and at the same time they have no desire either for violent revolution or for foreign conquests. They have known for forty years, perhaps, something that the Germans and the Japanese have only recently learned, and that the Russians and the Americans have yet to learn: they know that it is not possible for any one nation to rule the earth. They want above all things to live at peace, internally and externally. And the great mass of them are probably prepared for the sacrifices that peace entails.

But they will have to take their destiny into their own hands. England can only fulfil its special mission if the ordinary English in the street can somehow get their hands on power. The past thirty years have been a long series of cheques drawn upon the accumulated good will of the English people. That reserve may not be inexhaustible. By the end of another decade it will be finally clear whether England is to survive as a great nation or not. And if the answer is to be "Yes," it is the common people who must make it so.

tigen Welt mit beiden Füßen auf der Erde stehen, und wenn sie mit beiden Füßen auf der Erde stehen, können sie das Beispiel geben, auf das Millionen von Menschen warten. Die Welt ist der Unordnung und der Diktaturen müde geworden. Von allen Völkern kann das englische wahrscheinlich am ehesten einen Weg finden, beides zu vermeiden. Mit Ausnahme einer kleinen Minderheit sind die Engländer vollkommen bereit, die notwendigen drastischen wirtschaftlichen Veränderungen auf sich zu nehmen, und zugleich haben sie keine Sehnsucht nach einer gewaltsamen Revolution oder nach Eroberungen im Ausland. Vielleicht haben sie seit vierzig Jahren etwas gewußt, was die Deutschen und die Japaner erst kürzlich gelernt haben, und was die Russen und die Amerikaner noch lernen müssen: sie wissen, daß keine Nation imstande ist, die Welt zu beherrschen. Sie wünschen vor allen Dingen, nach innen und außen in Frieden zu leben. Und wahrscheinlich ist die große Masse zu den Opfern bereit, die der Frieden verlangt.

Aber sie werden ihr Schicksal in die eigenen Hände nehmen müssen. England kann seine besondere Mission nur erfüllen, wenn der einfache Engländer von der Straße irgendwie an der Ausübung der Macht beteiligt wird. Die vergangenen dreißig Jahre waren eine lange Reihe von Wechseln, die auf den angesammelten guten Willen des englischen Volkes gezogen wurden. Diese Reserve ist aber vielleicht nicht unerschöpflich. Am Ende eines neuen Jahrzehnts wird es endgültig klar sein, ob England als eine große Nation überleben wird oder nicht. Und wenn die Antwort „Ja" sein soll, ist es das einfache Volk, das dies zuwege bringen muß.

GEORGE ORWELL *ist der Schriftstellername von* Eric Arthur Blair, *der im Jahre 1903 zu Motihari in Bengalen (Nordostindien) geboren wurde. Er durfte als Stipendiat in Eton studieren, meldete sich aber dann zur Polizeitruppe nach Burma. Seine fünfjährige Dienstzeit bestärkte ihn in dem Entschluß, das Dasein der Menschen auf der Schattenseite des Lebens zu teilen. Er ging zurück nach Europa, schlug sich in den Elendsvierteln der Großstädte durch, studierte im Auftrage von Victor Gollancz die Lage der Bergarbeiter im englischen Industriegebiet und nahm als Freiwilliger auf republikanischer Seite am Spanischen Bürgerkrieg teil. Kurz vor Beginn des zweiten Weltkrieges wurde er Mitglied der Labour Party und Redakteur bei der sozialistischen Zeitschrift* Tribune. *Im Jahre 1950 ist er auf der Hebrideninsel Jura gestorben.*

*Bis 1945 war George Orwell nur einem kleinen Kreis von Lesern durch seine autobiographischen Schriften und sozialen Anklagen bekanntgeworden (*Burmese Days, Keep the Apidistra Flying, Homage to Catalonia). *In jenem Jahre aber erlangte er schlagartig Weltruhm durch das Buch* Animal Farm, *eine ätzende Satire auf die zwangsläufige Entwicklung der Revolution zum totalitären Staat („Alle Tiere sind gleich, aber einige Tiere sind gleicher als die anderen"). Das gleiche Thema behandelte er in seinem letzten Werk,* 1984, *in der Form einer mit grausamer Genauigkeit ausgemalten Zukunftsvision des unmenschlichen Machtstaates mit dem allgegenwärtigen „Großen Bruder", den kollektiven „Fünf Minuten Haß", der Gehirnwäsche im „Ministerium der Liebe" und der täglich nach der Parteilinie „neu erfundenen Geschichte".*

Es liegt auf der Hand, daß George Orwell bei der Schil-

derung des englischen Volkes nicht von der Minderheit der Leute mit dem Zylinderhut, dieser „mottenzerfressenen Rarität", ausgeht, sondern von der werktätigen Bevölkerung. Sein 1947 erschienenes Buch The English People ist für nicht-englische Leser deshalb so aufschlußreich, weil hier ein Schriftsteller am Werke ist, der die sozialen Probleme kennt und ohne doktrinäre Verbohrtheit, aber auch ohne oberflächliche Beschönigung zu beurteilen weiß. Um dem Leser, der an Hand dieses Buches sich eine Vorstellung von den Engländern machen oder sein Englandbild korrigieren möchte, nicht zu verwirren, haben Verlag und Übersetzer an manchen Stellen vorsichtig geändert; vor allem die ganz zeitbedingten Anspielungen auf die besonderen Verhältnisse der ersten Nachkriegsjahre sind weggelassen worden. Nicht geändert dagegen wurden die Zahlenangaben. Der Leser wird ohne Mühe bei Angaben wie „seit dreißig Jahren" die inzwischen verflossenen weiteren ca. zwanzig Jahre hinzurechnen — ein langer Zeitraum, der aber den Wert dieses Buches wenig mindert: ein neuer Beweis für die These, daß die Augen des Dichters oft tiefer in ein Volk hineinsehen als die des Soziologen.